西南地区与东盟国家高等教育合作现状与前景研究

梁方正 著

北京理工大学出版社
BEIJING INSTITUTE OF TECHNOLOGY PRESS

内容简介

"一带一路"倡议已经成为新时代背景下，我国恪守对外开放承诺，与世界各国人民一道谋求共同利益的核心战略。本书基于这一时代背景，从中国—东盟高等教育合作的角度出发，通过文献研究、历史比较研究等方法，系统分析了当前我国与东盟各国在高等教育方面的合作情况以及存在的问题，剖析了我国西南地区与东盟国家高等教育合作的机遇与挑战，提出了进一步深化我国西南地区与东盟高等教育的合作机制和路径选择，为解决目前存在的教育合作问题以及展望未来可能的高等教育合作形式提供一定的理论支持。

版权专有　侵权必究

图书在版编目（CIP）数据

西南地区与东盟国家高等教育合作现状与前景研究 / 梁方正著． -- 北京：北京理工大学出版社，2022.11

ISBN 978-7-5763-1830-2

Ⅰ. ①西… Ⅱ. ①梁… Ⅲ. ①高等教育-国际合作-研究-西南地区、东南亚国家联盟 Ⅳ. ①G648.9

中国版本图书馆 CIP 数据核字（2022）第 214841 号

出版发行 /	北京理工大学出版社有限责任公司
社　　址 /	北京市海淀区中关村南大街 5 号
邮　　编 /	100081
电　　话 /	（010）68914775（总编室）
	（010）82562903（教材售后服务热线）
	（010）68944723（其他图书服务热线）
网　　址 /	http：//www.bitpress.com.cn
经　　销 /	全国各地新华书店
印　　刷 /	三河市华骏印务包装有限公司
开　　本 /	710 毫米×1000 毫米　1/16
印　　张 /	7.75
字　　数 /	135 千字
版　　次 /	2022 年 11 月第 1 版　2022 年 11 月第 1 次印刷
定　　价 /	56.00 元

责任编辑 /	王晓莉
文案编辑 /	王晓莉
责任校对 /	周瑞红
责任印制 /	李志强

图书出现印装质量问题，请拨打售后服务热线，本社负责调换

FOREWORD 前言

我国西南地区地处祖国领土的西南边陲，与东盟各国在地缘政治、地缘经济和地缘合作上有着天然的区位优势，自古便是南方丝绸之路途经的重要埠集。但该地区经济基础薄弱，发展起点较低，相对于东部沿海地区发展相对缓慢。2010年，中国—东盟自由贸易区正式全面启动，西南地区一跃成为我国改革开放前沿地带，经济社会发展驶入快车道。自2013年习近平主席提出"一带一路"倡议以来，我国秉持"共商共建共享"理念，与包括东盟国家在内的"一带一路"沿线国家开展多方面的务实合作，成为"南南合作"的典范。截至2021年年底，我国已与147个国家、32个国际组织签署了200多份共建"一带一路"的合作文件。2021年，我国与"一带一路"国家货物贸易额达11.6万亿元，创8年来新高。乘着"一带一路"倡议的东风，我国与东盟国家经贸合作也摁下了"快进键"。2021年，我国与东盟货物贸易额达8 782亿美元，同比增长28.1%，是2013年的两倍。东盟连续第二年成为中国第一大贸易伙伴。

经济合作需要强有力的人才和智力支持。西南地区充分发挥作为海上丝绸之路的海上重要出口、陆路连通"中国—中南半岛经济走廊"的区位优势，以建立中国—东盟自由贸易区和共建"一带一路"为契机，积极与东盟国家开展高等教育交流合作。通过合作办学、师生互访、学术交流、合作研究等多种途径和方式，深化了中国与东盟各领域的务实合作，构建起更加紧密的中国—东盟命运共同体，探索出合力培养更多中国—东盟国际化人才的道路。

本书采用文献研究、历史比较研究等方法，梳理了我国西南地区高等教育发展现状、我国与东盟国家在高等教育领域合作的历程及取得的成果，总结了合作的典型案例及合作经验，剖析了我国西南地区与东盟国家高等教育合作存在的问题、西南地区与东盟国家高等教育合作的机遇与挑战，厘清了新冠疫情全球肆虐与世界百年未有之大变局叠加下，我国西南地区与东盟国家高等教育合作的趋势，提出了进一步深化我国西南地区与东盟高等教育的合作机制和路径选择。本书的研究成果有助于进一步丰富我国西南地区与东盟国家高等教育合作的理论，为我国西南地区进一步发挥区位优势，助力共建高质量"一带一路"和更加紧密的中国—东盟命运共同体，提供理论支撑和智力支持。

编　者
2022 年 6 月

CONTENTS 目录

第一章　导论 ··· 1
　第一节　研究背景与意义 ·· 1
　第二节　研究综述 ··· 9
　第三节　研究内容与研究思路 ··· 14

第二章　相关概念与理论基础 ··· 16
　第一节　相关概念界定 ·· 16
　第二节　研究理论基础 ·· 20

第三章　西南地区高等教育发展状况及与东盟国家合作现状 ········· 33
　第一节　西南地区高等教育发展状况 ···································· 33
　第二节　西南地区与东盟国家高等教育合作现状 ···················· 37
　第三节　西南地区与东盟国家高等教育合作典型案例 ·············· 51

第四章　西南地区与东盟国家高等教育合作面临的问题 ············· 55
　第一节　地方政府相关服务不到位 ······································· 55
　第二节　高校自身建设不足 ·· 57
　第三节　合作项目规范性不强 ··· 58
　第四节　留学生教育管理制度不健全 ···································· 60

第五章　西南地区与东盟国家高等教育合作的机遇与挑战 ·········· 64
　第一节　西南地区与东盟国家高等教育合作面临的新机遇 ········ 64

第二节　西南地区与东盟国家高等教育合作面临的新挑战 …………… 76

第六章　西南地区与东盟国家高等教育合作的趋势、机制和路径 ……… 94

第一节　西南地区与东盟国家高等教育合作的趋势研判 …………… 94
第二节　西南地区与东盟国家高等教育合作的机制构建 …………… 98
第三节　西南地区与东盟国家高等教育合作的路径选择 …………… 107

第七章　结论与展望 ………………………………………………………… 113

参考文献 …………………………………………………………………… 115

第一章

导　论

第一节　研究背景与意义

一、研究背景

2020年，中国与东盟贸易额6 846.0亿美元，同比增长6.7%。2021年，中国与东盟货物贸易额达8 782亿美元，同比增长28.1%，连续第二年成为中国第一大贸易伙伴，充分彰显了双方贸易发展的潜力和韧性。如何在当前取得丰硕成果的基础上继续深化和提升中国—东盟关系，推动构建更为紧密的中国—东盟命运共同体，中方选择的路径之一便是在"一带一路"框架下深化与东盟的合作[1]。依据教育部发布的《推进共建"一带一路"教育行动》，高等教育应在建立"一带一路"教育共同体中担负起基础性和先导性责任[2]。在2021年11月22日召开的中国—东盟建立对话关系30周年纪念峰会上，习近平主席正式宣布建立中国—东盟全面战略伙伴关系[3]，会议发布了联合声明，提出将继续加强教育领域的合作。中国—东盟的教育合作既是共建"一带一路"的重要组成部分，又为构建更为紧密的中国—东盟命运共同体和高质量共建"一带一路"提供人才支撑[4]，也是构建"一带一路"教育共同体的具体实践。

中国西南地区与东盟国家地域相连、民风相近、文化相通，是中国面对东盟的重要门户。在"一带一路"建设布局中,西南边疆地区的定位是"构建面向东盟区域的国际通道,形成 21 世纪海上丝绸之路与丝绸之路经济带有机衔接的重要门户,打造大湄公河次区域经济合作新高地,建设成为面向南亚、东南亚的辐射中心"[5]。西南地区如何在"一带一路"倡议不断推进实施的过程中,进一步充分发挥自身区位优势,加强与东盟国家高等教育合作与交流,携手建设更为紧密的中国—东盟命运共同体,高质量共建"一带一路",推动 RCEP 区域经济合作提质升级,已经成为一项重要课题,亟须加强研究。

(一)高质量共建"一带一路"需要进一步深化西部地区与东盟国家高等教育合作

"一带一路"倡议的实施,为我国西南地区高等教育对外开放和高等教育国际化带来了新的挑战和机遇。为此,教育部于 2016 年 7 月发布了《推进共建"一带一路"教育行动》的方案,提出在与"一带一路"国家的合作中要人文交流先行、提供人才支撑、共同推动区域教育合作[6]。同年 11 月,教育部又与六省(区)签署了"一带一路"教育行动国际合作备忘录,提出要立足国家倡议高度,紧密结合教育实际,充分发挥教育在"一带一路"中的先导性作用,为"一带一路"倡议的实施提供智力支撑和人才保障[7]。

而"一带一路"使中国西部从开放"末梢"变身开放前沿,《国际人才蓝皮书:中国留学发展报告(2015)》指出,促进"一带一路"沿线国家留学生来华学习和交流是"一带一路"建设的重要目标,我国设立的相关留学生奖学金,将全面投入来华留学生教育,为"一带一路"建设培养国际化人才[8]。

而针对人才培养培训的合作,方案首先提出了"丝绸之路"留学推进计划,希望通过政府扶持与大量奖学金额度的设置,促进"丝绸之路"沿线各国对专业领军人才大力培养,鼓励发展优秀技能人才。同时,相应的师资培训计划也开始逐步推进,沿着这条路鼓励发展专业教师培训,促进各国之间先进教育的经验交流,使得整体教育质量得到提升。在师资和专业力量的领导下,人才联合培养推进计划势在必行。通过高层次的人才交流,促进研修访学活动在各国各地的开展,可以有效促进沿线国家综合发展,推动该区域内教育资源的共享。与此同时,"丝绸之路"的发展,使得教育援助计划广为施行,各国之间通过政府有效引导、社会共同参与的方式,使得各行业参与进来,教育援助格局由此不断扩大,教育发展也越来越与时俱进。

人才培养能力的发展,使得来华留学人才质量显著提升,进而使中国成为"丝绸之路"当下最受欢迎的留学地。我国西南地区的少数民族与东盟各国人民之间历史渊源深厚,部分民族文化、民族语言也较为相似。如此一来,在这点上,我国西南地区就具备了极大的优势条件,发展留学生教育服务能在一定程度上弥补西南地区与发达地区高校相比教育资源相对落后的劣势。但是，在对西南地区留学生教育服务发展现状的探索中，除了要看到优点，也要注意其中的不足之处，加以补充，进而为推动西南地区发展东南亚留学生教育事业提供支持。这不仅是历史发展的必然，更是我国国家战略的需求。因此，近年来国家不断完善并出台了多项规范外国学生来华留学的政策和规范性文件（见表1-1），旨在吸引更多的外国学生来华留学，以实现教育培训、学术交流、人才培养等领域的深化合作，促进教育改革与高等教育国际化。

表1-1 中国2010—2020年留学政策及规范性文件

序号	年份	部门	文件名
1	2010年	教育部	《国家中长期教育改革和发展规划纲要（2010—2020年）》
2	2016年	教育部	《推进共建"一带一路"教育行动》
3	2017年	教育部	《学校招收和培养国际学生管理办法》
4	2017年	教育部 公安部 外交部	《学校招收和培养国际学生管理办法》
5	2018年	教育部	《来华留学生高等教育质量规范（试行）》
6	2020年	教育部	《关于规范我国高等学校接受国际学生有关工作的通知》

资料来源：政府部门网站；作者整理

（二）高等教育国际化对西南地区与东盟国家高等教育合作提出更高要求

现阶段，伴随着全球化的不断深入发展，不同国家之间在政治、经济以及文化等多领域的联系更加紧密。新世纪的到来，信息与知识经济的大力发展，使得社会对高级创新人才的需求越发紧张，针对于此的高等教育发展也势在必行。如此一来，就需要加快与国际接轨，加强与世界其他各国的合作与交流，真正使高级创新人才的教育走向国际舞台。受到经济、政治等外在因素的影响，加上知识普适性的内在作用，高等教育发展与社会联系愈加紧密，对于全球高等教育资源的整合速度也越来越快，全世界受到共同的利益诉求和教育价值观的影响也越来越深远。在这样的背景下，高等教育突破了地域限制，在全球范围内融合发展，兼收并蓄。这些要素的跨国跨区域流动，与全球不同的高等教育特色进行融合发展，既扩大了不同地区高等教育理念的国际影响，也使得教育资源综合利用率显著提升，国际教育市场更加繁荣昌盛。而在商业资本的助推下，教育融合理念不断完善发展，使得高等教育真正进入了国际化融合发展的新时代。

我国西南地区由于对外开放条件较差，毗邻的周边国家又都是相对封闭落后的发展中国家，因而西南地区外向经济发展缓慢，对外开放的深度、广度都不够。建设中国—东盟自由贸易区是中国对外开放进一步深化的结果，给处于中国与东盟结合部的西南地区带来了发展机遇，也促使与东盟成员国邻近的西南各省市区由原来的我国对外开放边远地区转变为改革前沿地区。

面对中国—东盟自由贸易区的建立，西南各省市区在这一历史机遇面前积极响应，不断借助自身优势将对外发展战略进行调整，积极同东盟展开各领域的合作。广西作为东盟重要的贸易伙伴，其地位无可替代。

只有拥有大量的人才和智力支撑，才能有效地发展经济合作。我国西南地区与东盟之间的经济贸易往来不断深入发展，需要大量的国际型人才加以维持和支撑，这些人才要对两国国情有所了解，尊重地方风俗和民族习惯，同时，要能够熟练地掌握两国交流语言，并且对经济贸易以及其他复合型知识有所了解。但是，受到多方面复杂因素的影响，西南各省市区的整体发展水平还是相对落后的，尤其是教育普及水平不高，这导致高等教育发展也极为缓慢，相应地，人才发展后备力量不足，难以适应现阶段的经济发展需求。近年来，我国西南地区各省市在引进国外（境外）高层次人才方面虽然出台了多项有关优惠政策（见表1-2），但是引进人才数量上仍然存在巨大不足，尤其是在疫情发生之后，即2020年开始出现了引进高层次人才的负增长趋势，这对西南地区的教育发展和高等教育国际化带来巨大冲击。

表1-2　中国西南地区各省市高层次人才引进政策及规范性文件

序号	年份	部门	文件名
1	2009年	四川省委组织部	《四川省引进海外高层次人才"百人计划"实施办法》
2	2018年	四川省政府	《关于大力引进海外人才、加快建设高端人才汇聚高地的实施意见》
3	2018年	四川省委组织部等13个部门联合印发	《四川省"天府万人计划"实施办法》
4	2013年	云南省委组织部	《关于开展引进海外高层次人才和高端科技人才申报工作的通知》
5	2022年	云南省委人才工作领导小组	《云南省"兴滇英才支持计划"实施办法》
6	2022年	云南省科学技术厅	《外国人才来云南工作便利服务措施十条（试行）》
7	2013年	贵州省政府	《贵州省"百千万人才引进计划"实施办法》

续表

序号	年份	部门	文件名
8	2015年	贵州省委组织部	《贵州省高层次人才引进绿色通道实施办法（试行）》
9	2016年	贵州省外国专家局	《贵州省引进国外技术、管理人才项目管理暂行办法》
10	2017年	重庆市政府	《重庆市引进高层次人才若干优惠政策规定》
11	2017年	重庆市政府	《重庆市引进海内外英才"鸿雁计划"实施办法》
12	2019年	重庆市政府	《重庆英才计划实施办法（试行）》
13	2021年	重庆市政府	《重庆市留学人员回国创业创新支持计划实施办法》
14	2015年	西藏党委组织部	《西藏自治区高层次人才引进办法（试行）》
15	2017年	西藏党委组织部	《西藏自治区高层次人才引进办法（试行）》
16	2021年	西藏党委组织部	《西藏自治区高层次人才引进办法（试行）》
17	2006年	广西区政府	《广西壮族自治区人民政府关于鼓励留学人员来广西工作的若干规定》
18	2013年	广西区委组织部	《广西高校引进海外高层次人才"百人计划"实施办法》
19	2018年	广西区政府	《广西壮族自治区引进海外人才工作实施办法》
20	2019年	广西科技厅	《关于征集2019年度"港澳台英才聚桂计划"工作岗位的通知》

资料来源：政府部门网站；作者整理

面对这一问题，西南地区的众多高校开始利用相应的区位政策优势，借助自由贸易区的建立，大力发展高等教育。通过与东盟各国加强高校间的合作交流，以共同办学、学术交流以及师生交换等多种方式，为自由贸易区发展培养现代化人才，借此服务自由贸易区经济发展。本书意图通过梳理中国—东盟贸易区的建设对西南高等教育发展的促进作用，从现阶段西南地区高校与东盟合作状况着手，进一步分析双方合作中可能出现的问题，据此提出相应的解决措施和建议，以便更好地培养自由贸易区人才，为自由贸易区的发展添砖加瓦。

如表1-2所示,近年来西南地区出台了多项关于国外(境外)人才引进的措施,除西藏自治区由于地域等原因,至今尚未出台有关引进国外(境外)人才的政策措施,其他各省区均出台了相关措施,只是效果并不显著,仅有国务院直辖的重庆市在出台相关政策之后,在引进国外(境外)高层次人才方面取得了一定的成效。具体详情如表1-3、图1-1所示。

表1-3 2010—2020年中国西南地区各省(市)引进国外(境外)高层次人才汇总表

人

年份	省(市)						
	重庆	云南	贵州	四川	西藏	广西	总和
2010年	22	13	9	11	0	15	
2011年	31	7	4	14	0	19	
2012年	29	9	18	4	0	10	
2013年	35	21	17	12	0	7	
2014年	43	15	8	5	0	16	
2015年	60	4	15	10	0	26	
2016年	75	19	3	14	0	16	
2017年	55	10	9	3	0	27	
2018年	97	27	11	13	0	32	
2019年	90	14	7	18	0	9	
2020年	56	2	0	1	0	4	
合计	593	141	101	105	0	181	1121

资料来源:政府部门网站;作者整理

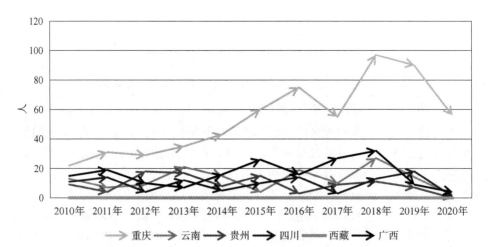

图1-1 2010—2020年中国西南地区各省(市)引进国外(境外)高层次人才汇总

如表1-3、图1-1所示，近10年来中国西南地区各省（市）引进国外（境外）外高层次人才的数据表明，西南地区每年引进国外（境外）外高层次、高学历、高职称人才的数量并不稳定，相比于北、上、广、深以及沿海发达地区存在较大的差异，在政策上仍然有待完善。同时，数据显示，重庆市2010年引进了22名高层次人才，到2019年一年引进了90名高层次人才，一直处于平稳上升态势，但在2020年之后出现了下降趋势，其主要原因无疑是新冠疫情的影响，而其他省区在10年中引进人才的总人数仅为重庆市的1/5左右，且在2020年之后均出现下降趋势。而当务之急是加快制定出台有效政策和措施，完善人才机制——有利于吸引更多国外（境外）的高层次人才到西南地区从事教育、科研、高科技研发等工作，为西南地区高等教育走向国际化奠定基础。

（三）深化创新中国—东盟自由贸易区需要西南地区高等教育有新作为

中国和东南亚各国作为亚洲地域的邻居，一直紧密相连。从古至今，中国和东盟之间的联系一直非常紧密——从儒家文化圈到如今的经济贸易圈。相似的文化和密切的经济合作，为中国与东盟之间经济贸易的蓬勃发展奠定了坚实基础。1991年，中国与东盟展开对话后，十年间持续不断地努力，换得东盟十国签署《中国与东盟全面经济合作框架协议》，这成为双边自由贸易区正式启动的标志。

自贸区的建立，使得中国与东盟各国之间经济合作量激增，相应的人才需求也在不断扩大，如此一来，高等教育合作就存在着极大的现实需求。而自贸区高等教育市场的开放、双方教育交流的结果，使得大量人才涌入经贸市场，进而促进了中国和东盟之间的经济发展。经过近40年的不断发展，中国高等教育已从大众化进入普及化阶段，但仍然有待提高。而东盟各国，高等教育发展水平也是参差不齐但无论从哪个方面考虑，中国高等教育发展的未来形势必然是深化改革。这是对高等教育国际化潮流的顺应，也符合高等教育发展的特有规律，只有通过这种途径，才能确保高等教育数量与质量之间的和谐，才能真正实现高等教育国际化发展的战略。所以，完全可以在尊重中国教育国情的基础上，对其他东盟发达国家的高等教育经验加以借鉴，取其精华，去其糟粕，共同进步。除此之外，也应该尊重那些高等教育不发达的东盟国家，可以以教育输出的方式，帮助这些东盟国家建立科学的高等教育体制，促进其高等教育的发展，借此使中国高等教育逐渐走向世界。

二、研究意义

（一）理论意义

作为中国和外国建立起的第一个自由贸易区，在中国—东盟自贸区中有一个十分独特的合作方向，即中国和东盟将针对高等教育展开合作。本书将主要分析和东盟成员国在地理位置上毗邻的中国西南地区和东盟各国之间开展的高等教育合作的实际情况，以此为切入点，对当前合作中出现的各类问题进行探索讨论，为未来进行区域性高等教育的合作发展奠定理论基础，进而对中外合作办学的相关理论进行丰富和发展；同时，也能够为相关部门提供理论参考，更好地对中国—东盟的高等教育合作规则进行制定和实施，对未来进行人才培养的目标和规格进行确定。此外，以具体交流合作过程中可以为双方共同接受的方式、路径研究入手，对其进行整体性的逻辑建构，形成战略机制，并以此为基础，为国家推动"双一流"大学建设与打造"一带一路"沿线各国教育共同体的战略服务。

（二）实践意义

2021年是中国和东盟建立对话关系30周年，中国与东盟合作进入而立之年，双方正式宣布建立全面战略伙伴关系。建立更为紧密的中国—东盟命运共同体关键在于民心——对人文交流合作进行大力推进，对于中国—东盟的关系维护来说意义重大。与此同时，从地理位置上来看，中国和东盟各个国家之间毗邻，文化相通，传统相近。在高等教育、文化等相关领域内，我国和东盟各国应该继续加强合作，对区域内的教师和学生的交流学习、相关学术研究的探讨合作以及各国人民之间的多重交流等进行大力推进，将各个平台，如"中国—东盟教育交流周""中国—东盟中心"的作用充分发挥出来，对中国—东盟的思想库网络建设进行进一步支持和推动，进而从社会基础和人文基础方面对双方的关系进行进一步的夯实。因此，开展并深化高等教育合作，对于"一带一路"建设这一国家倡议的实施来说具有重大作用和意义。虽然在中外合作办学方面，我国的起步较晚，历史较短，但是办学规模却一直在扩大，不管是办学模式还是办学层次，都在往多样化方向发展。建设中国—东盟自由贸易区，为中国和东盟之间的合作办学提供了很好的基础和平台，在这样独特的背景和特点之下进行发展，必然也会面临着一些独特的问题。本书将以中国西南地区和东盟之间的高等教育合作情况为中心进行探讨研究，主要从四个不同的角度（政府职能、合作项目、高校的自身建设以及留学生管理制度）出发，对中国—东盟合作办学的过程中出现的各种问题进行发现和分析，并有针对性地提出一些对策和建议，加强和完善双方的高等教育合作。对于西南地区来说，对双方的高等教育合作进行加强，有利于优化当地的高教结构以及资源配置；而提升西南各个高校的办学水平，则有助于西南地区更好地发展和培养拥有较强能力的国际化应用型人才；西南少数民族地区高等教育的发展也会因此而得到促进，于是西南地区的整体竞争力得到进一步提升。在这个基础上，或许可以为未来国家"一带一路"倡议的实施在体制机制以及路径方面提供一定的参考。

第二节 研究综述

自20世纪90年代以来，中国与东盟战略合作伙伴关系不断深化（CAFTA①的建成），针对中国与东盟国家的高等教育合作交流研究逐渐成为一门"显学"，学者们围绕这一主题展开了研究，已有研究成果主要集中在以下三个方面：

一、对东盟高等教育改革发展的研究

（一）东盟高等教育发展历史与现状

东盟各国基本都有殖民地的历史背景，所以其高等教育经历了从完全公立到公私立共有、从殖民附属到自立门户、从单一化到多样化、从精英化到大众化的过程[9]。早期的东盟各国高等教育之所以能有快速的发展，很大程度上是因为直接套用了西方殖民宗主国采用的高等教育模式。在发达国家示范作用的带头下，为了追求发展速度，生搬硬套其教育方式。后进国家教育现代化会随着发达国家强大的示范作用而大步向前，而且有着十分明显的跳跃性发展趋势。但处在高等教育大众化的环境中，不少东盟国家因为盲目增加高等教育的资源而降低了其教育质量。培养的人才涉及了太多的领域，远远大于国家需要的人才数量，但学生质量却得不到保证，从而让不少大学生就业困难——只注重增加学生数量，而忽略了提高学生质量，从而出现了"学历主义"或"文凭病"的不良现象。

到了21世纪，东盟各国按照全新的发展形势对大学与国家、社会和市场之间的关系进行了重新审视，让大学拥有了更多的自主权，构建的机制能够实现相互协调、支持和制约，让大学提高了适应能力，并且有了更多的学术活力[10]。

---

① CAFTA：中国—东盟自由贸易区。

东盟大学联盟（ASEAN University Network，AUN）是1995年创办的，它在很大程度上推动了东盟高等教育的发展，确保东盟高校之间在不同领域中加强合作与交流是其根本目标；加强东盟各个成员国科学家与学者的交流与合作，提高人力资源开发力度，加大宣传科学信息是其具体目标；而提高东盟意识、加快学术流动速度以及促进东盟学生之间的交流则是其核心目标。东盟各国的高等教育在当前能划分为高中低三个档次：第一档为高等教育发达的国家，如新加坡；第二档是高等教育较发达的国家，如马来西亚；第三档是高等教育不发达的国家，如越南。

（二）东盟高等教育特点与未来发展

一个国家的高等教育政策和方针要依靠大学来实施，而且大学也为各个国家之间的高等教育提供了交流的平台。尽管东盟各个国家有着不同的政治、文化、经济和历史，但将特色的培养作为重点，是各个国家大学取得飞速发展的原因之一。东盟著名大学有以下几个特色：第一，管理体制的变革与创新，大学发展的方向是自主和资质；第二，充满特色的办学理念，是历史的传承；第三，有着清晰的办学目标和发展方向；第四，区域性、本土性和国际性在学科专业设置中得到了相互结合；第五，用积极的态度面对全球化，努力寻求国际上的合作；第六，大学发展要以特色为基础。总的来说，立足于本国国情、接轨国际教育以及联系国际市场，都是东南亚高等教育国际化具备的特征。

东盟将特有的"东盟方式"用于高等教育的区域化发展中，用以实现一体化的高等教育，旨在为构建东盟高等教育学术共同体打造坚实的基础。第一，将技术、语言和能力作为重点给予充分关注；第二，拓展网络系统；第三，进一步建构东盟共同体；第四，多元化交换项目，大力培训高校教师，提升高等教育的管理水平，保证质量，努力减小成员国之间的差距；第五，阶段性评估青年基金项目，并对其进行相应的指导。

此外，东盟各国也开始重点关注高等教育一体化发展过程。第一，东盟始终秉承着"协商、平等、互惠、无歧视"的原则，而这在高等教育领域也是十分适用的；第二，让学生具备相应的就业意识和创业意识；第三，促进高校之间的交流与合作，构建东盟共同体。

通过研究结论可以发现，东盟在培养东盟认同意识的过程中，致力于对东南亚各国文化、历史遗产的传承与发扬，构建的方式是高等教育政策，将合作、开放的理念灌输在高等教育区域，增加东盟的集体认同感，提高青年人的东盟意识，进而达到目标[11]。换句话说，可以把东盟看作是一个整体，然后再与之进行高等教育的合作。

二、对中国与东盟高等教育合作的研究

（一）中国与东盟高等教育合作的基础、现状及前景

自 2010 年"中国—东盟自贸区"建成并开始运行以来，东盟十国与中国的高等教育合作往来愈发频繁并呈现出以下特点：一是高等教育合作主要以留学生交流为媒介进行，其中，语言学成为众多科目中的关注热点[12]。二是教育合作的形式正在得到逐步深化。中国—东盟间的高等教育合作正在经历从零星试点转向全面铺开，合作层级从国家层面逐渐向省级甚至院校间下放。这样的变化体现了我国和东盟各国的国际高等教育合作互信不断加深，标志着双方对战略伙伴关系的认同。伙伴关系的建立极大便利了区域间经济、文化层面的交流。区域经济发展的一体化、得天独厚的地缘优势以及相近的习俗，均增进了双方的教育交流与合作的发展空间。可以说，目前中国与东盟的关系正处于历史上的最好时期。此外，相关研究人员通过个案研究以及比较研究，论证了东盟高等教育的发展有着共同空间构建的可能。

（二）中国与东盟高等教育合作方面存在的相关问题

中国与东盟有着不同的文化传统、经济水平和高等教育发展程度，所以有很多问题出现在高等教育合作的过程中[13]。通过分析孔子学院的发展，发现其缺乏师资力量、教材编写缺乏规范性与针对性等，这都是中国与东盟在合作中出现的问题，不仅如此，"文化威胁论"也悄然出现在了东盟各国中。

同时，中国与东盟在教育合作方面，也存在不足之处。第一，中国与东盟各国实行的是不同的教育体制，所以学分、学历和学位是不能通用的；第二，双方没有实现紧密的国际合作办学，目前只处于较低的合作层次；第三，宗教信仰、经济制度、历史文化等都会影响双方的交流与合作。

跨国高等教育服务领域得到了越来越多的关注，但中国与东盟之间的合作并没有如期升温。第一，需要深入挖掘中国—东盟留学市场的潜力；第二，要构建和完善中国与东盟之间的学历、学分和学位互认制度；第三，平衡我国留学生教育的结构；第四，尽量让留学生奖学金与东盟国家留学生数量达到一致；第五，努力提升我国高等教育的国际化程度。

（三）中国与东盟高等教育合作的可行性策略

从高等教育上看，中国和东盟国家各有各的特色，可以取长补短，实现共

赢[14]。若想实现这一目标，做到以下几点尤为关键：第一，保证质量评估与资格认证体系得到健全；第二，课程设置向国际化靠拢，为留学生提供高质量的教育；第三，突出民族化，不能忽视道德教育，展现出中国的传统文化；第四，开展不同形式的合作与交流；第五，打造一支优秀的教师队伍，用双语进行教学；第六，成立"高教集团"，对中介市场进行整改；第七，建立健全高等教育国际合作的法律法规。

中国与东盟高等教育合作呈现出四个发展方向：第一，拓展合作办学的广度和深度；第二，拓展留学市场的广度和深度；第三，开展全新的高等教育合作途径；第四，邀请更多的主体参与到高等教育合作中来。当然，进一步发展中国与东盟之间的高等教育合作，离不开各个国家的努力：第一，对当前的留学生政策进行相应的改进，深入发掘东盟留学市场；第二，构建充满特色的课程体系，对当前的内容和手段进行改进；第三，建立健全学位互认制度；第四，保证双方合作办学的质量，同时提升层次；第五，中国—东盟教育合作的基础就是我国要不断提升高等教育的质量。

（四）与东盟国家开展高等教育交流合作的范围

从目前的研究现状来看，"广西—东盟高等教育交流合作研究""云南—东盟高等教育交流合作研究" "中国—东盟高等教育交流合作研究"为研究热点[15]。相关的研究深入探讨了高等教育在推动区域间政治、经济、文化发展过程中可能起到的重要作用。但略显遗憾的是，在探讨作为省一级与国际组织的高教交流合作时，因缺乏宏观的战略视野，相关成果仅仅停留在"为了推动合作而展开合作"的"小格局"上；而在探讨国家与国际组织的高教交流合作时，又因具体路径机制层面的实践缺失，相关成果不免有些"空对空"，无法落到实处之嫌。

三、对中国西南省级地方政府与东盟高等教育合作的研究

在地域和经济两个因素的共同影响下，中国高等教育资源和规模发展并不均衡，具体表现为自东向西逐渐降低。受地理位置等因素的影响，在推进与东盟各国的高等教育合作中，中国西南边疆几个省级地方政府发挥主要作用，主要以广西壮族自治区、云南省及贵州省为主。

（一）广西壮族自治区与东盟的高等教育合作

广西与东盟高等教育合作，具有桥头堡的作用，合作项目主要有留学生教育

与合作办学[16]。在合作过程中,双方往往在制度层面、文化差异与意识形态等方面存在障碍,在学历证书互认、生源、合作对象、办学层次、合作办学质量、合作办学监管等方面存在问题。为了使合作办学层次更高、领域更广,广西省地方高校应注重加强区域教育的合作意识,加强自身办学特色,对学科结构进行优化、调整:第一,进一步扩大普通高校的规模;第二,提高办学层次,协调学科比例;第三,妥当调整人才培养计划。

(二)云南省、贵州省与东盟的高等教育合作

云南省与东盟高等教育合作的现状则在于:对外汉语——云南省高等教育"走出去"战略发展稳定;东盟留学生的招生规模逐渐扩大;东盟留学生的招生专业不断增加。不过,云南省与东盟高等教育合作仍然面临很多问题,如缺少跨国高等教育质量评估与资格认证机制、云南省高校课程不具备国际化的水准、对东盟国家留学生的教育处于起步阶段等[17]。为了提升高等教育的国际化水平,要多管齐下:以昆明为中心,整合各方资源,建设面向东盟的国际教育基地;丰富合作办学的形式,不遗余力地发展留学生教育;此外,还应注重建设重点和特色学科。现阶段,贵州省内的东盟留学生以本科生与专科生为主[18],主要在贵州大学等学校就读,学习专业多为金融、外贸与计算机等[19]。

四、研究的不足

在全面分析现有研究成果后,笔者认为,当前的研究中尚有如下方面需要完善:

(一)对中国—东盟高等教育合作研究系统性还不够

具体体现是:中国与东盟高等教育合作双方对于合作机制和人才培养模式等方面的研究尚处于初级阶段,由于中国—东盟高等教育的研究没有做到系统化,所以缺乏对实践的指导作用。

(二)关于西南地区与东盟国家高等教育合作研究成果较少

目前的研究主要集中在中国—东盟合作战略宏观层面和地方高等教育国际化战略的地方省市层面,而站在地区区域角度研究与东盟高等教育合作问题尚不多见。本书研究同属西南地区的广西和云南,它们有相似的地理位置、经济和文化背景,而侧重研究的是,两个省份在与东盟的合作中加强区域内合作的方式方法,如何通过全面合作促进共同发展,这个研究方向正是现有研究中所缺乏的。

(三) 已有研究成果重思辨轻实证

现有的与东盟高等教育合作的研究，多以概括和介绍合作现状为主，很少描述和分析实际问题，所以提出的战略显得空洞无力，没有实操性。要想找到合作中实际出现的具体问题，需要进行实证研究，确定症结，进而找到解决问题的策略。

第三节 研究内容与研究思路

一、研究内容

所谓高等教育国际合作，其实是一个进行双向交流合作的过程，它主要针对的领域就是高等教育领域，其内容主要包括平台建设、项目合作、人员流动等。从目前的情况来看，我国已经借助上海合作组织建立起了相关的合作机制，同时也享受到了"一带一路"倡议框架带来的机遇，不管是在相关平台的建设方面还是在双向交流机制的建设方面，我国和中亚各个国家之间都已经建立了联系，并取得了一定的进展。但是，就目前合作双方在经济社会上的地位以及双方的高等教育发展水平来说，相较之下，我国会更具优势。因此，在和中亚各国进行高等教育合作时，从整体上来看，大多数高等教育的合作项目还是由我国高校提供的，而受众则是中亚国家。

所以，关于西南地区和东盟各个国家在高等教育方面的合作研究，主要关注的合作内容就是面向东盟的由我国西南地区高校建立的高等教育合作机制、研究和项目等。除此之外，对东盟各国的留学生的接收，也是进行单向高等教育合作的主要形式。本次研究的主要目的是对西南地区及相关的高校在面向东盟各国开展高等教育国际合作的现状及实践情况、存在的问题等进行分析，在"一带一路"框架之下，为将来和东盟各个国家的高等教育合作进行提升、改进和完善提供一些更具可行性、更有针对性的意见和建议。

二、研究思路

对于中国，尤其是西南地区的发展来说，中国—东盟自由贸易区的建立为其带来了很多发展机遇。但是，在高等教育发展方面，它究竟能够为西南地区带来怎样的机遇，又会让西南地区面临怎样的挑战？当下在和东盟各国正在进行的合作当中，还有哪些问题存在？针对这些问题，又该如何解决？上述这些问题，就是本书将重点研究讨论的，希望促使双方未来的合作得到进一步加强。

本书主要分为以下几个部分来介绍：

第一部分，对目前西南地区的高等教育实际情况以及其中存在的各种问题进行分析，指出建设中国—东盟自由贸易区对于西南地区的高等教育发展来说，既为其提供了很多机遇，也带来了一定的挑战。

第二部分，主要针对西南地区和东盟各国之间开展的相关高等教育合作内容进行分析，其主要目的是和未来经济社会的发展需求相适应，为中国—东盟培养所需的各类人才。在这部分内容中，研究者主要对双方的合作基础以及目前的合作情况进行了分析探讨，同时还列举了一些典型的合作案例，并对其中的合作经验进行了分享介绍。

第三部分，从不同的层面，主要包括政府层面、学校层面、合作项目层面等，对我国西南地区和东盟各个国家之间在相关高等教育合作的开展中出现的问题进行分析，同时做出有针对性的、更深层次的分析。

第四部分，针对上述提到的高等教育合作方面双方存在的各类问题，从不同角度（主要指政府、学校等）对建议和对策进行探讨，进一步促进中国西南地区和东盟各国之间的高等教育合作。

第二章

相关概念与理论基础

第一节 相关概念界定

一、一带一路

"丝绸之路经济带"和"21世纪海上丝绸之路",简称为"一带一路"[20]。这两条丝绸之路自古就有,一条是西汉的张骞出使西域的路线,东起点是古长安(今西安)和洛阳,沿路向西,经甘肃和新疆,然后到中亚、西亚,并将地中海各国联结起来的陆上通道;一条是秦汉时期开通的海上通道,到明代郑和下西洋时就已经存在2 000多年了,两条丝绸之路将东西方连接起来,自古就是陆上和海上重要的交通和贸易通道,也象征着中外文化的交流。

二、高等教育国际化

(一)高等教育国际化的内涵与作用

高等教育国际化就是打破国家与国家之间的种种壁垒而进行的各类教育行为,其中包括国际教育互动交流、语言文化的宣传和推广、国际地位的提升等。

对高等教育国际化的认识有多种不同的观点,具体如下:

(1)活动的描述法。诠释高等教育全球化时,采用各类形式的具体活动来表征,其中常见的主要有课程的变革、联谊与合作、技术互助,等等,这是描述和界定高等教育国际化使用最广泛的方法。

(2)目标描述法,把培养开发学生新的技能、知识和态度作为目标来界定国际化。

(3)文化、气质描述法,以高等院校是否具有国际性的精神气质来界定高等教育是否国际化,因此,国际化的文化与气质是高等教育国际化的基础。

联合国教科文组织与国际教育发展委员会一致认为,教育可以反映出世界各国共同的理想、问题和目标时,就实现了高等教育国际化。目前,人们在教育界会面临共同的问题和难题,这会促进教育活动在全世界各国或各个区域进行统一。通过互相学习、互相帮助来扬长避短,从而促进人类文明的发展。

目前,国际化教育正在改变传统学校教育,国际化教育具备全球化的教育资源,其采用自主化的学习方式、国际化的教育管理,让学生在现实与虚拟相结合的学习环境中,进行自主、创新和协作的新型教学模式。它有以下三个方面的作用:

第一,促进学生的发展。当前正处于信息高速发展的时代,高等教育的国际化可以将各界教育汇聚到一起,使它们在相互交流和摩擦中充分显示各自的特点和特色,通过互动与协作,促进每个个体发挥积极的能动作用。学生的知识储备、技能和思想,也在多种教学方式的促进下达到了全面发展。除此之外,不同学者的个性化需求通过多样化的资源得到满足,这极大地促进了学者们个性化的发展。

第二,扩大教育规模。高等教育国际化以后,资源可以全球共享,只要有计算机和网络,便可以接收到任何地方的课程资源,学校课程因此得到扩展,教师通过在线上课的形式可以向全世界的学习者授课。目前比较流行的大规模开放在线课程(Massive Open Online Courses,简称MOOC),正好印证了高等教育国际化可扩大教育规模。

第三,推动教育的改革。高等教育国际化在实施过程中为教育发展注入新思路,推动了课程与教育改革新一轮的发展。具体表现为三个方面:首先,促进教育观念的革新。高等教育国际化注重的是社会发展与人的发展相统一,培养具有多元化和个性化的人才。其次,促进教学方法和手段的革新。高等教育国际化通过自我控制、自我学习、互助学习、参与式学习等方法,为专业性和创新性人才提供了更多的学习机会。最后,促进师生关系的转变。高等教育国际化注重以学生作为教学活动的主导,教师身份转变成学生学习的监督者、指引者和促进者。

（二）高等教育国际化的要素

1. 教育理念国际化

世界上各个国家都早已认识到，高等教育的发展需要国际化的视野塑造以及国际化教育理念的支撑。人类对知识与科学的探索是没有国界限制的，高等教育需要承担起拓展人类知识及促进人类相互理解的责任和义务。要解决目前人类所面临的共同问题，各国高等教育需持开放的态度，通过国际合作，促进世界各族人民互相包容和理解。法国教育作为欧洲的集中代表，在欧洲教育体系中的作用举足轻重，特别是法国大学教育。近年来，法国政府和教育机构普遍倡导开放性，其观点在于通过本国教育的普惠，辐射并代表一定区域，甚至整个欧洲。

2. 培养目标国际化

高等教育全球化的重要任务在于培养高级人才，使其具备国际竞争能力以及统领性的视野。培养这种高级人才，需要学习世界各国文化，使其可以具备全球化的文化视角、容纳世界各民族的胸怀以及国际化的意识。国际化的人才对当今社会的发展适应性更高。在全球化的竞争中，他们善于把握机会，赢得发展，他们是符合现代社会和企业需求的高级人才。一般来说，得到普遍公认的国际化人才多具备以下特质：

（1）国际化人才创新意识较强、国际视野开阔。

（2）国际化人才在国际交流学习的过程中，不仅会掌握本专业的知识和技能，同时会关注并了解国际上有关本专业的发展与地位。

（3）国际化人才精通国际交流的原则和惯例。

（4）国际化人才具备较强的国际交流与沟通能力，可进行多语种及多文化间的交流。

（5）国际化人才对国际信息有一定的分析和处理能力。

（6）国际化人才的心理素质和政治思想素质双双过硬，面对多元文化的冲击时，可以保持坚定。换言之，在接纳世界各国的良好品质时，他们不会放弃本民族的原则和特色。

3. 国际化的人员交流

高等教育国际化中的一个重要方面，就是人员的国际交流，从高等学校的角度出发，国际交流的主体包括教师和学生。国际化教育体系的创建离不开教育传播的主体，而国际化人员交流的主体由国际化的师资力量组成，所以，人员国际间交流的重点是增强高校教师的国际化交流。组建国际化的师资队伍是实现高等教育国际化的基础，具备国际视野的教师负责培养具备国际视野的人才。高校通过组建国际化的师资队伍，教育水平极有可能得到提升。此外，学生国际化交流也有重要作用,不能被忽视。通过促进学生国际化的交流,高校国际化人员交流的队伍可以不断壮大。

4. 国际化的学术交流

高校国际化交流以科研和学术的国际互动交流为目标,也就是说,高校国际化交流的内在目的是促进科研和学术的进步。所以,作为高等教育国际化的重要内容,世界各国之间的学术交流和科研合作需要得到高校的重视。国家层面的学术交流与科研合作将世界范围的知识和资源进行共享,共同发展科学,造福全人类,推动全人类的发展。

三、东盟与西南地区

东盟(ASEAN):全称东南亚国家联盟,是亚太地区重要的地区组织,包括印度尼西亚、马来西亚、菲律宾、新加坡、泰国、文莱、越南、老挝、缅甸和柬埔寨十个国家[21],秘书处设在印度尼西亚首都雅加达。

东盟十国总面积450万平方公里,人口5.3亿人,国内生产总值总额7 370亿美元,进出口贸易总额7 200亿美元。东盟成立的宗旨是促进本地区的繁荣与稳定。

中国—东盟自由贸易区(CAFTA):英语全称为China—ASEAN Free Trade Area,指中国与东盟十国之间构建的自由贸易区。中国和东盟于2001年11月宣布在未来十年内建成自由贸易区的目标,并于2002年11月正式签署了《中国与东盟全面经济合作框架协议》。中国—东盟自由贸易区的目标:一是用十年的时间完成所有关税和非关税的削减,消除双方之间存在的关税及非关税壁垒;二是建立一个综合框架,包含市场一体化的一系列措施,如投资促进、贸易便利以及和谐的贸易及投资规则与标准[22]。

西南地区:中华人民共和国成立后,传统意义上的西南地区主要包括四川、重庆、贵州、云南、西藏、广西等六个省区市。而2015年3月,在国家发展改革委员会、外交部及商务部联合发布的《推动共建丝绸之路经济带和21世纪海上丝绸之路的愿景与行动》一文中特别强调,"西南地区:发挥广西与东盟国家陆海相邻的独特优势,加快北部湾经济区和珠江—西江经济带开放发展,构建面向东盟区域的国际通道,打造西南、中南地区开放发展新的战略支点,形成21世纪海上丝绸之路与丝绸之路经济带有机衔接的重要门户。发挥云南区位优势,推进与周边国家的国际运输通道建设,打造大湄公河次区域经济合作新高地,建设成为面向南亚、东南亚的辐射中心。推进西藏与尼泊尔等国家边境贸易和旅游文化合作"。[23]具体而言,在推进"一带一路"倡议实施过程中,西南地区重点特指广西与云南两个省区。基于贵州省在近年来的相关政策指向,本书主要将西南地区定位为"广西、云南、贵州"三省区。

四、高等教育合作

欧洲中世纪的城市大学被看作是现代大学的雏形,后来,英、德、法、美等国的大学边发展边转型,最终形成了现代大学,其实施的现代高等教育具有四项基本功能:人才培养、科研创新、服务社会与文化传承。大学是传播知识和创新发展的主场,既可以培养出高级人才,又可以滋养和创新现代科学技术。

世界各国都注重高等教育的合作,高等教育的一项重要意义是流传和创造各科知识,所以,高等教育合作的本质表现为知识要素在国家之间的流动。在这种流动中,教育资源的配置将更为合理,各个国家的高等教育加深影响、联系与融合,促进各国在多个领域的变革,特别是高科技和技术知识,最终将促进世界各国更加强有力的发展。所以,高等教育合作可以这样定义:高等教育合作是冲破国家、民族、文化与地缘等因素的限制,将全世界不同高等教育机构在一定范围内进行高等教育资源的整合,遵循优势互补、互利互惠、共同发展等原则,既互相竞争又相互合作,求同存异,以独立平等的个体追求共同的目标和利益,最终实现高等教育人力资本生产能力的提升、知识的革新与创造、传承与传播。

第二节 研究理论基础

一、经济全球化理论

"经济全球化"这一概念最早是由 T. 莱维在 1985 年首次提出,提出至今国际上仍没有一个公认的定义。国际货币基金组织(IMF)认为:"经济全球化是指商品跨越国界进行服务贸易的频繁程度及流动资本规模的增加和流动形式的多样化,迅速传播的技术使得国家间的交流和依赖性变强。"而经济合作与发展组织(OECD)认为,"经济全球化是一种使得全球经济、国际市场、技术和通信方式更具国际化特征,各国自身民族特征和地方特征逐渐减少的过程"。

因此,国际上对经济全球化有三个方面的理解:一是全球各国各地区的经济联系日益加强，相互依赖的程度也逐渐提高；二是全球各个国家和地区的经济规则不断趋于一致；三是不断强化的国际经济协调机制，使得各种双边或多边或区域性的组织对全球经济的协调和约束力越来越强。从总体上讲，经济全球化的基础是市场经济[24]，通过先进的科学技术和生产力，以欧美发达国家为主导，以利润和经济效益最大化为目标，通过分工、贸易、对外投资、跨国公司和生产要素的流动等，实现各个国家和地区的市场分工、相互协作、相互融合。经济全球化，有助于全球不同国家和地域的资源和生产要素在全球范围内的有效配置[25]，有助于资本和不同产品进行全球性流动，有助于科学技术在全球范围内的传播发展，有助于全球欠发达地区经济的快速发展。经济全球化是有利于人类发展进步的，是世界经济发展的必然结果。经济全球化主要表现在四个方面：一是贸易全球化；二是生产全球化；三是资本全球化；四是科技全球化。

二、留学生教育发展的理论基础

（一）比较优势理论

1817年英国古典经济学家大卫·李嘉图（David Ricardo）在《政治经济学及赋税原理》中提出了著名的比较优势理论。首次论证了国际贸易分工的基础不只限于绝对成本差异，只要各国之间产品的生产成本存在相对差异（即"比较成本"差异），就可以参与国际贸易分工进行国际贸易。按照比较成本差异进行国际分工，各国生产具有比较优势的产品进行贸易，就可获得比较利益。该理论认为不论一个国家处于什么发展阶段，经济力量是强是弱，都有可能确定自己的相对优势，即使处于劣势的也可能找到劣势中的相对优势，在国际分工体系中找到自己的定位，生产自己具有最大相对优势的产品，从而在参与国际贸易分工中获得利益。而"两优择重，两劣择轻"的思想则是比较优势理论的精髓。

（二）竞争优势理论

该理论在反思传统的比较优势理论的基础上，以不完全竞争市场为理论前提，从动态、全面的角度阐述了国家竞争优势的形成和保持。1900年，波特出版《国家竞争优势》一书，在这本书中提出"钻石模型"（又称菱形理论）的分析架构（见图2-1）。他认为可能会加强本国企业创造国内竞争优势的要素包括六大方面，其中前四个因素是产业国际竞争力的决定因素，后两个因素是辅助因素，对产业国际竞争力产生重要影响。

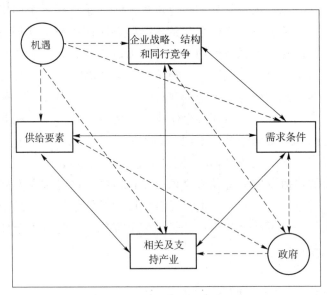

图 2-1 波特的"钻石模型"

1. 供给要素状况

所谓供给要素状况,是指一个国家所拥有的生产要素情况,主要可以分成五大类,即天然资源、资本资源、人力资源、知识资源、基础设施。如果站在生产机制以及其所起作用的角度来分析,则可以进一步将上述这些要素划分为两个类型:初级生产要素和高级生产要素。所谓初级生产要素,主要指一个国家本身就拥有的、不需要付出太大代价就可以获得或者是被动继承的要素,比如地理位置、自然资源、气候、简单劳动力等,都属于初级生产要素。而对物质资本、人力资本等进行长时间的投资之后才被创造出的要素,则属于高级生产要素的范畴,比如各个大学的研究所、高等教育人力资源、一些现代化的通信基础设施,等等。而如果从教育服务贸易这个角度来看,教育资源则是其中最为主要的供给要素条件,可以分成两类:有形资源和无形资源。学校的各类硬件设施就属于有形资源,基础设施的建设就属于此类;而人力资源(比如师资队伍)以及其他的软件设施,则属于无形资源。

2. 需求状况

所谓需求状况,是指对于某一类产品或者是某一种服务,国内市场表现出的需求情况。国内市场的性质和大小不仅会对生产规模产生重要影响,同时,对于本国相关公司的产品更新创造、服务范围以及服务效率等也会产生十分重要的影响。从产业的竞争优势来看,国内市场可能带来的影响主要表现在客户需求的特征和形态方面。假如国内市场上对此有需求的客户很多,就会给本地的厂商带来一定的市场压力，他们就会努力进行创新和改进，使自身的竞争优势得到进一步提升，并进一步帮助整个国家在该产业的全球竞争当中占据主动地位。市场和竞争力之间表现出一种比较微妙的相关关系，在不同国家，它的表现也有所不同，主要就表现在内需市场的不同形态上。从教育服务方面来看，教育在为贸易的国际竞争力需求进行服务的方面，国内外在教育服务方面表现出的长期的需求是其中最为重要的一个条件。

3. 相关及支持性产业

一个国家在全球的产业竞争当中是否具有优势，有一个十分关键的指标，就是该国产业中有多少是在国际上具备竞争力的，这些产业主要可以分为支持性产业和其他相关产业。所谓支持性产业，是指能够提供一些高质量的产品的产业，这些产业同时能够带动另外的一些产业，促进其质量和效率的提升。而所谓相关产业，是指一些因为各种各样的原因而被联系到一起的产业，比如因为共用某些技术、共享同样的服务或者营销渠道等，除此之外，一些互补性的产业也属于相关产业的范畴。

从教育服务方面来看，教育服务业作为第三产业，要想对其进行发展，其他的辅助、支持产业的发展进步也十分重要，是与之息息相关的。而且，在教育服务业所涉及的各种不同类型的教育之间，原本也是关系密切的，对于教育的产业聚焦来说也是十分有利的。在其形成教育服务产业集群之后，可以对我国的教育服务整体质量产生极大的提升作用，不仅如此，我国在相关方面的国际竞争力水平也会因此而得到提升。

4. 企业战略、结构与竞争对手

要想保持或创造企业的优势，有一个十分有力的可以对其进行刺激的因素，即国内企业之间的竞争。这种竞争的存在对于整个行业产业来说，也是十分有利的，能够对其创新速度进行提升，让企业对更高层次、更新的要素进行追求，提升企业的效率，进而保持全球范围内关于该产业的国家竞争优势。站在教育服务产业的角度来看，所谓企业的战略、结构和竞争，主要指的是对于教育的发展，国家制定的相关战略规划，我国教育本身的体制和系统，市场的竞争结构，等等。是否具有明确的战略规划、建立起的教育体系是否合理、市场竞争的结构是否良好，是能否提升国家在教育服务业上竞争力的关键。

5. 政府因素

政府因素是一个十分重要的外部因素，在提升产业竞争力方面，所起的作用也是十分重要的，可以说，政府因素能够对前四个因素进行引导和促进。通常来说，政府都会借助一定的政策（既包括贸易政策，也包括一些优惠政策等）来保护并支持产业的发展。

在教育服务业方面，政府因素主要是通过以下几个方面来体现的：政府承诺的教育开放力度，关于科研拨款的相关体制，教育管理体制的设置，现代学校的内部管理运行体制及机制设置，依法治教情况等。

6. 机遇可以影响前四个决定因素并使其发生变化

对于产业国际竞争力的形成来说，机遇是十分重要的一个因素，一定不能忽视。机遇如此重要，主要是因为它的出现极有可能使各个国家在产业方面的国际竞争地位发生变化。所以，一个国家若想产业得到发展，必须及时把握有利机遇，并且能够对当前所处的市场环境进行准确分析，同时不断调整完善，只有这样，才可能在激烈的国际竞争过程中保持市场竞争优势。而从教育服务产业方面来看，机遇是偶然的，不是必然的，因此可能会使对贸易进行服务的教育的发展表现出非连续性的特点，进而对教育服务贸易的发展产生阻碍或者是促进作用。

在波特看来，上述这六个决定因素是共同作用、相互影响的，它们共同构成了一个对创新进行激励的竞争环境，这个环境是动态的，而一个国家的国际竞争力正是来源于此。在他提出的"优势产业阶段"理论当中，波特把在国际竞争过程中一个国家的优势产业的参与阶段划分成了四个不同的部分：要素驱动阶段、投资驱动阶段、创新驱动阶段、财富驱动阶段。这四个部分之间是依次递进的，其中最为核心的，就是创新驱动阶段。

（三）教育服务贸易相关理论

1. 教育服务贸易基本内涵

世界贸易组织在《服务贸易总协定》（The General Agreement on Trade in Services，GATS）中对教育服务贸易的定义：除了由本国政府全额资助的教育活动之外，凡以商业性质收取学费的教育服务活动，均属于教育服务贸易范畴。从教育角度看教育服务贸易的类型，教育服务贸易包括：小学教育、中学教育、高等教育、成人教育和其他教育。

2. 教育服务贸易的主要特点

教育服务产品是国际教育服务合作的主要载体，把握教育服务贸易的特征应该主要着眼在对教育服务产品的理解和认识上，两者间具有相当紧密的共性特征。

（1）教育服务贸易具有"不可分离性"。

在教育服务贸易中，服务供给方依托其具有的教育资源和优势向消费方提供各种形式的教育服务[26]，消费方为了更好地获得教育服务需要始终与服务供给方保持紧密的联系和接触，并在一定的规范下达到其教育目的。

(2) 教育服务贸易的"无形性"。

这是指教育服务通常不产生实体产品,服务的提供方通过所有教育资源在国际教育领域的形象、知名度等信息向潜在的消费方提供关于教育服务的价值等信息。消费方通过综合片段提供方所在国家或地区的教育实力、共认程度、经济等信息来选择教育服务。

(3) 教育服务贸易的产品标准具有"不稳定性"。

由于教育服务的提供者和消费者之间的差异造成了标准的不稳定性,所以难以量化的服务标准成为教育服务比较优势形成的因素之一。

3. 教育服务贸易与经济增长

具体而言,教育服务贸易对经济增长的影响分为短期效应和长期效应。一方面,教育服务出口可以在短期内带来消费、投资和就业的增加;另一方面,教育服务贸易长期效应中,人力资本积累和技术进步对国家经济产生了影响[27]。例如留学生滞留或移民可以为进口国带来人力资本的增加以及促使生产效率和技术水平的提高。

4. 教育服务贸易的四种方式

高等教育服务贸易的四种方式如表2-1所示。

表2-1 高等教育服务贸易的四种方式

方式	特点	类型	流动形式
境外支付	跨境的服务,服务提供者和消费者处于不同国家	远距离教育、网络教育;虚拟教育	项目流动
境外消费	消费者到别的国家接受服务	学生出国留学	人员流动(学生)
商业存在	服务提供者到服务消费者所在地建立据点及提供服务	分销;联合学位;特许项目	机构流动
自然人流动	服务提供者到服务消费者所在地提供教育或者培训服务	教师、培训者、专家应聘到国外	人员(教师/培训者)流动

第一是境外支付。通过网络教学、函授教学等不同形式来提供教育服务,比如国外的大学教育机构经过国际教育机构的权威认证以后,可以在其他国家开设网络学院,接收学生,学生成绩合格,可以获得国际认证的学位。

第二是境外消费。学生可申请到国外去留学或接受培训。全球目前主要有

12个教育服务提供国，其中美国、英国、法国、澳大利亚和德国是最主要的高等教育输出国。中国是目前境外留学生人数最多的国家之一。

第三是商业存在。教育输出国的办学机构可以在教育消费国设立相应的办学机构，或与该消费国的高等教育机构合作办学，以教育输出国的身份进驻该国。比如输出国的办学机构可以直接来中国办学或选择合作高校进行中外合作办学。

第四是自然人流动。一国的教师可以到另一国家去任教，以个人身份参与教育服务。例如外国的专家、学者和教师来中国任教或我国的教师赴国外授课等。

三、国际化教育理论

（一）国际化教育的教学观

在国际化教育的教育观念中，对于教师角色的转变是十分重视的，换言之，国际化教育中教师不再是传统教育中的传授和灌输知识的人，而成为指导者[28]。学生在对知识进行获取时，不再只有教师这个唯一的来源。教师成了在学生进行自主探索和学习过程中，对其进行引导、协作、提供咨询的人。与教师的角色身份转换同时发生的，还有教学方法的转换：在国际化教育中，进行课堂教学的方式方法变得更加多样，除了传统教学中采用的讲授式教学之外，也更加推崇自主学习、探究学习以及协作学习等更能对学生的主体地位进行体现和发挥的方式。除此之外，在教学目标的设置方面也有所改变，教学目标不再是从前对学习人员掌握知识的情况进行促进，而是尽可能地帮助学生在知识、情感、技能等方面的掌握程度获得综合提升，同时对他们终身学习的观念和能力进行培养，以求培养出来的人才能够在快速发展变化的社会中更好地适应社会需求。

（二）国际化教育的学习观

在传统教育当中，学习人员对知识的接受是被动的、间接的，学习者所获取的知识都是人类经过长期的社会实践所积累下来的。而在国际化教育的观念中，对于学习人员的意义建构比较重视，即鼓励他们在获取知识时，更多地进行参与和体验。所以，在进行国际化教育时，更加关注学习人员能否进行自主学习，旨在培养其借助各种工具和技术进行自主探索和学习的能力。同时，对于学习人员在对知识进行主动建构时的交互和协作能力也很重视。这个过程不仅要求学习人员作为学习主体在学习时要构建起多样化的情境，还需要其学会正确评价自身的学习过程以及学习成果，以便更好地反思和调节。

在国际化教育中，教师对学习的过程更加重视，对于学习结果的关注则稍逊，因为国际化教育不仅关注学习人员掌握知识的程度，对他们的个性化发展以及能力提升也更加重视。

（三）国际化教育中的资源

从广义上来说，在进行教育的过程中，所有的学习资源和教学资源都属于国际化教育的资源，除了传统的纸质教育资源（如教科书、报纸、参考书、杂志等）之外，还包括一些数字化的教育资源（如音频、视频、动画等）。这些资源都有一些共同特点，即具有工具性、共享性、多样性、扩展性。在国际化教育中，资源所占据的位置是十分关键且重要的，特别是多媒体网络共享资源。对于教师和学生来说，它是极其重要的——教师的课堂教学离不开它，学生进行自主学习也需要它的支持。不仅如此，这些资源还能够对教学模式的改革创新、学生的个性化发展以及教师的角色转变等，都起到一定的促进作用。

（四）国际化教育中的管理与评价

为了对国际化教育系统进行优化，对其整体的功能和效率进行提升，需要进行一系列的协调和组织活动。这些活动就是我们所说的国际化教育的管理，也是教育领域中关于国际化管理的一些具体表现，主要可以分成五个环节，即目标、计划、实施、检查、总结。在评价国际化教育时，最核心的评价内容就是对学习过程和学习资源的评价。其中，针对学习过程进行评价主要是以教学目标为参考，针对学习过程和结果进行价值判断；而针对学习资源的评价，则主要是以教学目标为参考对学习资源具备的教育价值进行评估。所以，在国际化教育中，进行管理和评价的主要目的就是能够对教学效果和学生的个性化发展起到更好的促进作用。其中，管理是为了保证国际化教学能够顺利开展，而评价则是为了能够对教学情况进行实时的反馈，提升教学效果。

（五）国际化教育与学生发展

对于人们的工作、生活和学习来说，国际化的不断深入，使得相关方式的变革也得到了加速，社会的发展对人才的需求也有了全新的要求[29]。所以，在进行国际化教育时，对学生自主学习的能力、创新思维的能力以及解决问题的能力的提高都更加重视，主要表现在以下几方面：

（1）对学生之间表现出的个性差异给予关注，借助更加多样化的学习资源以及不同的信息技术的支持，因材施教，进行差异化教学，促进他们的个性发展。

（2）除了要传授知识给学习者之外，还要为他们提供一定的机会，帮助他们真实地解决问题，让其在解决实际问题时能够创造性地应用自己学到的知识，最终使其解决问题的能力和创新思维的能力都得到提高。

(3)对学习者进行积极鼓励,让他们积极主动地参与到协作学习的过程当中,让他们能够在集体中充分地发挥自己的作用,在合作和协商的过程中,对集体共事的能力进行培养。在国际化教育的学习观中,学习者不仅要能牢牢地掌握相关的基础知识,而且要在此基础上提高各方面的能力。

四、高等教育国际化的策略理论

国际化成为全球高等教育发展的基本趋势。许多发达国家和不少发展中国家都清楚地意识到国际化对本国高等教育发展的意义与挑战,所以都想尽办法制定各种策略以促进本国的高等院校向着国际化的方向发展。

策略是根据形势发展而制定的行动方针与方式。高等教育国际化策略是高等教育国际化进程中较为重要的方面,反映了国家、高等院校、教育部门等各级各类教育机构在推进国际化过程中所使用的方法和手段[30]。高等教育国际化策略是指由提供者或者院校进行的学术活动和策略组织等,包括三个方面的路径:一是计划性,二是策略性,三是整合性。

(一)高等教育国际化策略理论的开端

高等教育国际化的不断发展使得世界各地对高等教育国际化策略的研究和探索予以高度关注,这也使得国际化策略向着引导性、综合性以及前瞻性方向发展,对于构建高等教育国际化策略模型产生了积极的作用。

组织结构策略模型构建了一个"任务分解、策略规划和管理模型",该模型由两种模式组成:一是领导推动型,其具有高校核心管理层和下属单位之间没有直接联系的特征;二是基层单位推动型,这一类型中下属单位会接收来自核心管理层的国际化服务活动。尼夫也将这两种关系类型称为"中心"模式和"非中心"模式。之后的高等教育国际化组织结构策略模型也都是基于这两种模式发展起来的。

通常将高等教育机构国际化策略分为以下两个维度,首先是策略范围,可以是单一、局部的策略,也可以是系统、整体的策略;其次是从策略的重要性来说,可以是中心策略,也可以是边缘策略。

高等教育国际化具有动态发展的特征。因此,也可以采用不同的分类方法划分国际化策略,并为学者对高等教育机构国际化策略的研究和分析提供基础和前提条件。

（二）高等教育国际化策略理论的产生

基于高等教育国际化策略分类基础的要求，包括两种主要的国际化策略：一是活动策略，高等教育组织的学术活动和服务基于国际维度，融合其他主要功能；二是组织策略，主要是指为了促进发展而制定的管理体制和政策等，确保一种国际维度的创建。在活动策略分类中，新增了知识出口与跨国教育两个维度，并重新整合了与科研有关及与教育有关的活动。

由院校和提供者层面开展的组织策略和学术活动称为教育策略，主要由三种形式的路径形成：一是计划性、二是策略性、三是整合性，并把高等教育国际化策略分为活动策略与组织策略。通过总结国际大学协会（International Association of Universities，IAU）开展的两次全球性的大学国际化调查中国际化策略的具体实施，列举了17个普遍的国际化策略要素。

（三）高等教育国际化策略理论的发展

分析我国的高等教育国际化策略方面的文献，可以得出以下结论：

（1）我国关于高等教育国际化的策略理论最早是把高等教育国际化策略分为两类：活动策略与组织策略。

（2）国际化策略的研究领域比较局限。大部分文献都集中于国家层面的研究，缺乏对国际组织、区域、高等院校等的研究。少部分文献提到了国际组织和机构的推动对于高等教育国际化发展的作用。中国学者对策略理论的研究，更多地从国家政策的角度进行分析阐述，并没有系统全面地归纳整理，也未成体系。奈特的策略理论是总结多个国家的国际化策略，从国际的视角着眼，经过多年的整理完善而形成的体系。

（3）对具体策略的研究视角单一，基本集中于吸引留学生、课程的国际化、参与国际交流与合作项目。只选取了比较突出、当前发展比较明显的几种策略加以论述，而对于日益重要的质量评估，建设世界级大学、建立国际学习网络的研究较少。

（四）高等教育国际化策略的思考

高等教育国际化策略研究的中心在西方，西方一些学者提出了高等教育国际化，尤其是高等教育国际化策略的基本理论与方法。我国学者属于该领域研究的后来者与模仿者，而且并没有从理论上进行创新式探讨，处于边缘地位[31]。

从影响程度来看，高等教育国际化策略理论及中心—边缘理论受到国际学术界的广泛认可。组织策略与活动策略二分法，影响较大，为众多国际组织和学者所接受与推崇。一方面把高等教育国际化策略分成组织与活动两类策略；另一方面通过列举法，列举了两类策略的具体内容与方法。其理论的好处在于高等教育国际化需要两类策略的互相支撑，组织策略不能代替活动策略，活动策略的施行也离不开组织策略。

通过二分法及列举措施，给高等教育国际化管理者、工作者和理论研究人员勾勒了清晰的高等教育国际化策略路线图。管理者可以借此判断其大学国际化策略是系统的还是特定的、是中心的还是边缘的。该国际化策略矩阵有助于评估专家、管理者、教师判断某一所学校的高等教育国际化水平。

两种高等教育国际化策略理论主要是针对高等教育学校的。因此，也可以称为高等院校国际化策略理论。正如在"高等教育国际化动因理论"中分析的那样，高等教育国际化的主体是多种多样的，除了高等院校外，还有国际组织、区域组织、国家。因此，可以遵循这样的思路来扩展高等教育国际化策略理论的视域。

1. 高等教育国际化策略理论视域下的国际组织

国际组织的高等教育国际化策略是与其国际组织性质与使命密切相关的。据研究，联合国教科文组织的国际化策略包括以下类型：

（1）建立国际大学合作交流项目。该类型包括两项内容：第一，联合国教科文组织教席/姊妹大学网络计划；第二，联合国教科文组织—中国—非洲三方大学合作倡议。该合作计划是指选择中国的20所大学（或职业教育学院）与非洲的20所大学（或职业教育学院）作为中非大学间合作的重点院校开展长期稳定的合作关系，包括联合开展科学研究、教师培训、学术访问、师生互访，共同开发课程，联合培养研究生。

（2）举办国际会议和论坛。联合国教科文组织举办了世界高等教育大会，探讨世界高等教育的全球化、区域化、国际化及质量等问题，推动了世界高等教育的合作与交流，引导着各国高等教育的发展方向[32]。此外，联合国教科文组织还举办高等教育、研究与知识论坛，专注于高等教育、研究与知识，旨在扩大对高等教育系统、结构、政策、趋势和发展的理解，特别关注低收入和中等收入国家，目标就是识别、聚集、分析、传播和促进高等教育国际化研究。该论坛聚集了众多合作伙伴，包括联合国教科文组织中的193个成员国、院校、协会、基金会、网络、政府间和非政府组织等，为研究人员、政策制定者及专家们批判性地看待研究问题及调查结果提供了平台。

（3）推行高等教育质量保障体系。为促进全球高等教育发展，联合国教科文组织一直关注高等教育质量问题。举办国际高等教育质量保障、学历互认和资格认证全球论坛。提出要更新和完善联合国教科文组织关于学历、文凭与学位认可的区域公约，使其能够更好地适应高等教育环境变化的新挑战，为教育服务贸易日益自由化提供国际标准和区域性教育协定。此外，还拟订了高等教育实践国际指南与代码，为各国高等教育质量保障政策的制定提供一个国际框架。

世界银行和联合国教科文组织合作发起了全球促进高等教育质量保障能力计划（Global Initiative for Quality Assurance Capacity，GIQAC），通过促进和推动地区及区域间高等教育质量保障网络建设，支持发展中国家及正处于转型期的国家高等教育质量保障的发展。

2. 高等教育国际化策略理论视域下的区域组织

国际组织的高等教育国际化策略是具有方向性和倡议性的，区域组织的高等教育国际化策略是与其一体化目标相一致的。欧盟高等教育一体化受到了世界的认可，国际化策略可以概括为：

（1）建立协同的可比较的学位体系和三级高等教育体系，将高等教育体系分为本科教育、硕士研究生教育和博士研究生教育三级，分别授予学士学位、硕士学位和博士学位。该体系与以英国、美国为代表的三级高等教育体系接轨，促进欧洲高等教育更加开放。

（2）建立欧洲学分转换累积体系，为学生的跨国流动提供了制度保障与条件，为欧洲高等教育区的形成提供了有效的工具。

（3）实施促进人员跨国流动计划，为此欧盟推出多个欧洲国家之间的大型教育交流计划，包括著名的新旧伊拉斯谟计划。

（4）建立欧洲高等教育质量保障体系，促进欧洲各国在高等教育保障方面的合作，建立欧洲高等教育质量保障网络。

（5）加强组织领导。成立博洛尼亚跟进小组，通过同行学习、考察及其他信息分享活动，促进欧洲高等教育区在国家和高校层面实施博洛尼亚原则，并促进欧洲高等教育区与欧洲研究区的协同发展。

3. 高等教育国际化策略理论视域下的国家

国家的高等教育国际化策略具有承上启下的性质。一方面它的国际化策略受到国际组织和区域组织的引导及其他国家的影响；另一方面它要根据自己国家的发展目标及高等教育发展目标，通过推动国际化来促进人才的培养、引进与知识的拓展。

不同发展水平的国家，其高等教育国际化的策略是不同的。发达国家的高等教育国际化策略主要是围绕教育输出而展开，如吸引留学生，输出教育项目、课程与机构等。发展中国家的高等教育国际化策略是围绕教育输入进行学习借鉴的，如派遣留学生，引进国外的人才、课程、项目，以提高自身的教育水平和学术水平。

我国经历了一个由落后的发展中国家向发达的发展中国家转变的过程。我国高等教育国际化策略的发展方向也与这一转变过程基本一致。前期，我国的高等教育国际化策略是以教育输入为主的，采取了派遣留学生、引进国外课程、推行中外合作办学的发展策略。后期，我国的高等教育国际化策略发生了较大的改变，采取了学生派出与引进、来华合作办学与海外合作办学、人才引进与派出并举的发展策略。

此外，我国高等教育国际化策略的一个鲜明特征是政府主导，高校主要落实执行中央政府及地方政府的人才国际化、研究国际化和教育国际化政策[33]。

第三章

西南地区高等教育发展状况及与东盟国家合作现状

第一节 西南地区高等教育发展状况

一、西南地区高等教育发展历程

近百年来，西南地区高等教育不断发展壮大，规模已经相当庞大，这大大促进了中国尤其是西南地区的经济发展。简单来说，西南地区高等教育有以下四个主要发展阶段：

第一个时期是1949年之前，这一时期奠定了西南地区高等教育的基础。东中部的国立大学为了逃避战乱，纷纷向西部内陆地区迁移，例如西南联合大学（由清华、北大和南开合并而成）；同时，西南地区还对一些大学进行了建设和改制，如新疆大学、兰州大学和云南大学等。西部高等教育的格局和发展规模在1949年左右已经初步奠定。

第二个时期是1949—1978年，在这一时期，西南地区高等教育发展迅速。但我国的高等教育发展在苏联模式的影响下仍然受到阻碍，人们开始重视这一发展的地区性。在当时，国家将一批高等学校迁到了西南和西北地区，而后各个西部地区的自治区和省都有了附属的院校,整体的教育基地得到建立。

第三个时期是 1978—1999 年,即改革开放至西部大开发前的时期,这一时期西南地区高等教育发展减速。由于国家的政策支持,东中部高等教育仍然迅速发展,但由于各种因素的限制,西部地区高等教育的发展十分缓慢。西南普通高校在 1998 年虽然已经扩张到了 202 所,但没有跟上全国普通高校的建设进度,占比下降幅度很大。

第四个时期是 1999 年至今,在这一时期,西南地区高等教育迎来了第二个高速发展时期。国家在 1999 年实施了西部大开发,西部地区迎来了更小的东西差距。国家开始重视西南地区的高等教育,推动这一地区的教育高速发展。从 1999 年至今,西南高等教育的发展是空前的,学校和师生数量都大幅增长,学校的规模也在不断扩大。

二、西南地区高等教育发展自身的优势

(一) 地理位置和区位优势突出

首先是西南地区高等教育对本地考生具有较高的吸引力,约七成本地考生愿意选择报考西南地区高校。这与西南高校专业设置较好地契合了当地生产对较高能力人才的需求方向息息相关。例如广西大学动物科学技术学院,在经过院校合并、资源优化整合之后,相关专业均得到了较快的发展。从现有的发展事实来看:动物科学和动物医学入选国家一流本科专业建设点;有畜牧学和兽医学 2 个一级学科博士学位点、水产养殖一级学科硕士学位点、兽医专业硕士学位点、农业推广硕士畜牧领域和水产养殖领域学位点;拥有畜牧学博士后科研工作流动站 1 个,国家重点学科(动物遗传育种与繁殖学)1 个,广西双一流建设学科(畜牧学)1 个,广西优势特色重点学科(畜牧学、兽医学)2 个。此外,该学院设有动科系、动医系和 1 个实验教学中心;有动物繁殖研究所、养禽与禽病研究所、动物疫病防治研究所、饲料研究所、水产研究所 5 个研究所和 1 个海洋研究中心;有校内教学科研基地、动物医院和 24 个校外教学科研实习基地。学院现有教职工 107 人,其中专任教师 77 人,专任教师中正高职称 32 人,副高职称 24 人,博士生导师 30 人,硕士生导师 77 人,其中具有博士学位的教师 73 人,具有海外经历 1 年以上的教师 32 人。目前拥有国家"万人计划"、百千万工程领军人才 1 人,国家有突出贡献的中青年专家 1 人,国务院特殊津贴获得者 2 人,广西八桂学者 1 人,广西高校百人计划 4 人,广西优秀专家 3 人,广西高校卓越学者 2 人,广西有突出贡献的科技人员 1 人,教育部高等学校学科专业教学指导委员会委员 1 人,教育部水产类教学指导委员会委员 1 人,教育部学位评估中心评

审专家1人，农业部东盟水产品市场跟踪专家1人，广西海域使用论证专家2人。国家现代农业产业体系广西创新团队首席专家2人、功能专家3人、岗位专家2人。2019—2020学年学院共有学生1 560人，其中本科生921人、硕士生554人、博士生85人，其中留学生18人，包括博士留学生15人、硕士留学生3人。学院还广泛开展国际交流与合作，与美国、英国、加拿大、德国、俄罗斯、日本、荷兰、澳大利亚、泰国等20多个国家的大学和科研机构建立了良好的合作关系。学院师生积极参加国外（境外）访学交流、国际学术会议，促进了学院与国内外高校间的交流合作。相关专业区域影响力上升，这使得其对区域人才吸引力也不断增强。

（二）规模和发展速度低

根据第七次全国人口普查结果，广西、云南、贵州常住人口分别是5 012.68万人、4 720.93万人、3 856.21万人，占全国人口总数的9.6%，三个省区拥有的高校数量分别为85所、82所、75所，占全国高校总数的8.78%，所占比例低于人口占比。和其他省市地区相比，西南地区的高等院校数量远没有达到平均水平，而且其规模也没有满足西南地区人民高等教育的需求。

（三）办学历史和精神文化底蕴深厚

受制于西南地区相对落后的经济等因素，该区域内高等教育的发展也相应落后于发达地区，但正是由于这样的条件，该区域高等教育的发展潜力会更大，在教育领域追赶发达地区成为西南地区各高校教师以及师生的共同目标之一，由此也造就了该区域内师生们敢于拼搏、负重自强的精神底蕴[34]。

如云南大学的发展与辉煌，从根本上来说，源于其精神与文化。

在云大校园内，矗立着两栋著名的建筑。一栋叫"至公堂"，始建于明弘治十二年，即公元1499年。至公堂是明清两代云南贡院的重要建筑，是明清云贵两省乡试活动的中心。民族英雄林则徐曾两次在这里主考，闻一多先生著名的"最后一次演讲"也是在这里发生。云南大学就建立在明清云南贡院的旧址上，因此作为贡院中心建筑的至公堂，就成为云南大学重要的建筑。抗战期间，全国性的大规模学术交流、学术会议以及学术座谈和演讲会等经常在这里举行，因此至公堂享誉全国，成为全国最活跃的大讲堂之一[35]，直至今天，至公堂对云南地区的教育都有着举足轻重的作用。另一栋叫"会泽院"。会泽院是1922年云南大学建校时的第一栋建筑。该建筑是典型的法式建筑，因云南大学创办人、曾任云南省督军兼省长的唐继尧为云南会泽人，故命名为"会泽院"。这两栋历史文化建筑矗立在云大校园中，使云南大学呈现出厚重的历史文化底蕴，现已经成为人们参观游览的重要场所。

至公堂、会泽院承载着云南大学的历史，见证着云南大学的发展。正因为如此，云大人将这所大学的精神概括为"会泽百家，至公天下"。"会泽百家"，就是要继承和弘扬融汇百家的学术传统，坚守学术之生命与精神，始终走在知识和科学的前沿，传播科学与真理。"至公天下"，就是要担当起大学应有的社会责任，以天下为己任，将学校发展和个人发展融入社会发展与民族发展之中，与国家和民族同命运、共进步。而这八个字，作为独具特色的云大精神，早已融入云大人的血脉。

同时，云南大学在成立之初，我们的创办者就提出了"自尊、致知、正义、力行"的校训。自尊，就是要自强不息，开拓奋进；致知，就是要追求真理，创新不止；正义，就是要一身正气，行为世范；力行，就是要勇于实践，知行合一。这一校训所强调的不仅是学校办学的准则，也是全体云大人立身、立业、立德、立言的根本遵循。

九十多年来，正是在这种精神和校训的指引和激励下，云南大学不断取得进步，先后被列为全国重点建设大学、"双一流"高校、西部大开发重点建设院校、国家中西部基础能力建设工程和综合实力提升工程实施院校、国家"一省一校"工程重点建设院校，书写了自己不平凡的历史。

三、西南地区高等教育发展的短板

（一）财力资源匮乏

通常情况下，地区经济的发展与教育发展呈正相关的关系。普遍来说，相对中东部较发达地区，西南地区由于经济发展水平相对落后，政府财政收入水平不高，教育经费投入相对较少，这也不利于满足高等教育发展的需求。西南地区很多高校教学中的软硬件设施更新速度不够，甚至部分高校严重缺乏最基本的教育条件。

（二）人力资源缺乏

人力资源缺乏主要是从师资力量上来说的，西南地区一个显著的不足就是师资队伍不强，学校中高层次人才紧缺，很少有知名教授，且教师的教育理念、综合素质以及研究能力都有待提高。同时缺乏优秀的管理人员也是一个重要问题，这导致管理不完善和不到位。

四、西南地区高等教育发展面临的挑战

（一）人才培养质量面临更高要求

西南地区的高等教育相对于教育资源大省，区域内知名度较高的高校较少，且高校反哺社会的作用也比较有限[36]。这也是受当地经济发展水平所致，加上当前"北上广"等一线城市依旧是吸引国内大学毕业生的热门城市，大量的劳动力会从西南地区流出至这些发达地区，同时，由于西南地区高等院校缺少较高的知名度，社会认可度也较低，由此这造成了西南地区高等院校毕业生就业难的问题。

（二）优质生源争夺更为激烈

社会发展让高等教育也面临着新的挑战，优质的高等教育成为大众的需求所向，很多考生都以名牌大学作为自己的努力方向，但是西南地区有知名度的大学却很少[37]，这也是西南地区高等教育优秀生源不多的主要原因，这对高等教育的可持续发展形成了一定的制约。

（三）高等教育间竞争增大

西南地区高等教育不仅要和东部高等教育相比较，更需要和国外大学相竞争，不过西南地区不管是在人才资源还是在财力资源和物资资源上都不具备优势。

第二节　西南地区与东盟国家高等教育合作现状

一、中国—东盟高等教育交流与合作的现状

中国与东盟自建立友好合作关系以来，特别是建成东盟自由贸易区以来，在教育领域的合作与交流不断深入，取得的成效十分显著。双方留学生的规模不断扩大，据2017年统计，东盟国家留学生在华人数达到7.1万人，而中国留学生在东盟国家的人数已经超过了12万人。

中国与东盟在教育领域的合作面不断拓宽，已经涉及了职业教育、高等教育、中等教育、基础教育等。而且双方还积极开展了境外的合作办学。从统计数字可以看出，现阶段我国境外办学最为集中的地区就是东南亚。在跨境教育合作中，双边合作项目的种类及数量也在不断增加，中国已经与东盟国家合作组织了38个办学项目，涉及各个教育层次。而马来西亚、泰国以及新加坡在中国开展的合作办学项目也已达到了38个，主要涉及的项目均在高等教育层次。我国政府与东盟各国政府间建立起了更多合作机构，合作平台也不断趋于完善。

中国已经与东盟各国分别签署了与教育交流相关的合作协议，涉及的国家达到了10个。与越南、印度尼西亚、马来西亚、菲律宾、泰国签订协议，双方互认学历。目前，中国与东盟教育合作交流的主要平台是中国贵州于每年8月所举办的中国—东盟教育交流周暨教育部长圆桌会议。2016年举办的中国—东盟教育交流周暨教育部长圆桌会议首次讨论通过了关于教育合作的5年行动计划，关于职业教育、高等教育、中等教育、基础教育，智库合作与学生交流的多个领域的合作内容被写入了计划中。此外，中国每年还会举办中国—东盟职业教育联展暨论坛，该论坛在国际上的影响力也不断增强。

（一）我国与东盟高等教育交流与合作的特点

1. 从提供方式来看

从对跨境交付的态度来看，大部分东盟国家还较为保守，并未在国民待遇以及市场准入等方面对跨境交付做出承诺（其中泰国对技术和职业教育，老挝对成人教育、高等教育以及短期外语培训，柬埔寨与新加坡对所有教育层次均无限制）。在境外消费方面，只有马来西亚不做承诺，其余国家都不对境外消费加以限制，包括国民待遇以及市场准入方面。对于商业存在的态度，各国有着较大差别，越南、柬埔寨、新加坡在国民待遇以及市场准入方面均不做限制。在外方服务提供者的资格条件以及外方股权方面，中国、老挝和马来西亚设有限制。泰国对于商业存在没有明确的限制（中文讲授服务不在此列），但规定了外方股权占比必须保持在49%以下。对于自然人流动问题，因为担心对国内就业市场造成冲击，并增加管理成本，各国承诺保持了较低水平，在人员居留期限以及居留条件方面的规定较为严格。在中国与东盟各国的教育服务贸易中，自然人的移动成为最保守也最敏感的一项。

2. 从国别来看

柬埔寨在成人教育、高等教育以及其他教育三个层次做出了承诺，但未对中等教育以及初等教育做出承诺。已经承诺的部分均为无限制，开放程度最高，承诺水平也最高；新加坡只对成人教育、高等教育及其他教育做了有限定的承诺，但承诺水平总体上来看是较高的；老挝、中国两个国家承诺的范围涵盖所有五种教育层次，越南则除了初等教育以外，承诺了其他四种教育层次，以上三国都有着较高的承诺水平；泰国虽然承诺了四个层次的教育层次，但未对高等教育做出承诺，因此承诺水平一般；马来西亚承诺了高等教育和其他教育两个层次，属于一般承诺水平。承诺水平最低的有印度尼西亚、文莱、缅甸、菲律宾，这四个国家未对教育服务贸易做出任何承诺，属于承诺水平最低的国家。

（二）我国与东盟高等教育交流与合作的转变

一是合作角色实现了从参与者向主导者转变。我国在国际协作中长期处于相对被动的状态，但随着社会的不断发展，我国在国际合作中所扮演的角色发生了巨大的变化，在与"一带一路"高等教育合作的过程中，我国由参与者逐步转变为主导者，从被动接受逐渐过渡到主动出击，这与我国的发展密切相关。"一带一路"倡议的提出，打破了被动参与国际合作的窘态，让我国从真正意义上实现了"走出去"这一重要的战略目标，此构想本身就具备一定的主动性和主导性，《推进共建"一带一路"教育行动》表明："中国教育领域和社会各界率先垂范、积极行动。"国家各部委要协调推动，积极对接沿线国家教育规划与政策，搭建我国与沿线区域和国家的教育沟通合作平台。地方政府和高校要紧密对接国家总体布局，加强"友好省州"的建设工作，进一步推进"学校联盟"战略，让高校与企业强强联手，提升学生的综合能力和实践操作能力，为社会输送一批又一批卓越的创新型人才。通过"一带一路"国际合作的不断推进，教育行业实现了跨越式发展，让文化魅力遍布全世界。角色的转化需要一定的时间，在此过程中应当不断学习并适应不同的环境。

二是交流方向上由"引进来"向"走出去"转变。"一带一路"倡议工作的核心就是让中华文化走出国门，走向世界，要由最初的"引进来"转变为"走出去"，不断向外输出文化、人才、教师等各种优质资源。我国在"走出去"战略实施过程中仍面临众多问题，相比于引进外来文化，"走出去"仍处于相对滞后的状态。据统计，2014 年的来华留学生仅有 171 万人，而我国在"一带一路"沿线国家的留学生人数仅有 5 万人，这就意味着我国在文化交流方面还需要再加强。除此之外，我国境外办学机构的数目以及规模均不容乐观，我国在境外的办学项目有 100 多个，而国外在我国的办学项目高达 2 000 个。综上所述，我们应当在文化交流方面予以高度重视，逐步转变文化交流方向，最终实现由"引进来"向"走出去"转变。

三是合作要素实现了从学生协作向师生深度合作转变。在教育教学活动开展的过程中，教师应当充分发挥学生的主观能动性，激发学生的学习兴趣，倡导并鼓励学习团结协作，共同探究。国际教育合作的要素主要分为外部系统要素和内部要素两大类，前者主要囊括政府、高校等，后者则主要存在合作的深度以及广度两大问题。下面就国际教育合作在广度以及深度上所面临的问题展开具体论述。在广度上，教育协作更倾向于加强学生间的合作探究，这往往忽视了教师间的经验分享，在教师交流环节相对薄弱；在深度上，其他国家来我国留学的人数很少，我国前往"一带一路"沿线国家留学的人数也相对较少，这也是目前制约我国教育发展的最根本原因。从总体上分析，我国在国外办学方面仍面临众多问题，首先是文化自信和国家自信的问题；其次是学生的交流也仅仅停留在表面，很容易被其他要素覆盖；最后则是教师的教学观念有待改善、教学质量有待提升。综上所述，"一带一路"沿线文化建设工作的实施需要多方共同努力，不仅要加强教育合作、扩大合作范围，还要建立师生之间的深度合作关系，从根本上解决国家教育发展所面临的一系列问题。不断优化人才培养方案，向政府以及有关部门提出申请，充分发挥我国在国际教育合作中的主导地位。

四是发展多样性实现了从一元模式向多元模式转变。传统的合作模式已经不能满足当前社会的需要，"一带一路"沿线国家的经济文化、社会背景、风土人情均存在一定的差异，发展水平以及所处的发展阶段也有所不同，因此在发展过程中，一定要从一元模式逐步向多元模式过渡，均衡各个国家和地区的发展，绝不能采取"一刀切"的方式，要结合不同国家及地区的实际情况，从国情出发，选择最适合本国发展的战略模式。模式转变对于推动地区经济发展具有重要意义，要从全方位、多角度考虑，为不同国家制定不同的合作模式。"一带一路"沿线的国家中，有的国家已经达到发达国家的水平，而有的国家则仍处于相对落后的状态，对于发展水平较高的国家而言，双向平衡合作模式则是最佳选择，我国与这些国家仍有一定的差距，追求平衡发展就显得尤为重要。但对于缅甸、柬埔寨等东南亚国家而言，其发展相对缓慢，我国则应当侧重于文化输出，对其进行教育指导以及教学帮助，不断扩大我国的教育资源分布范围，进一步增强我国在教育领域的国际影响力，从而推动我国教育的发展。

（三）我国与东盟高等教育交流与合作的平台

2003年，中国—东盟战略伙伴关系建立，既是中国与东盟各国关系跨越新阶段的证明，也是双方继往开来，共同为未来创造更多可能的契机。其中，文化交流项目可以成为双方撬动其他合作形式的重要杠杆。2008年，由中国外交部、教育部牵头，云南省人民政府在云南主办了首届中国—东盟教育交流周（以下简称"交流周"），此次活动的开展向外界传递了我国与东盟国家共建教育文化领域的努力与决心。

交流周举办以来得到了中外国家领导人的高度重视、社会各界的肯定与支持，促进了各方深入交流合作，加强了区域文化交流发展。截至2021年，交流周已经连续成功举办了 13 届，成为中国和东盟间唯一以教育为主题的政府间交流合作平台，形成辐射"一带一路"沿线国家的 10+1+N（特邀伙伴国）合作模式，形成了中国—东盟百名校长牵手未来系列活动、中国—东盟青少年交流系列活动、中国—东盟人文交流系列活动、中国—东盟职业教育博览会、中国—东盟教育合作与人才交流洽谈会、"一带一路"教育合作六大品牌系列活动以及形式多样的特色项目活动 350 多个，为促进中国和东盟及"一带一路"沿线国家合作共赢做出重要贡献。

为了保证交流周活动高质量地向前推进，云南省人民政府在国家各项政策、资金、机会等方面的支持下，将交流周办成了当地面向东盟各国的一张文化名片，得到了中国和东盟的认可和重视。在《中国—东盟战略伙伴关系 2030 年愿景》中指出通过中国—东盟教育交流周等平台，加强教育创新和学术交流。

1. 人文交流的特色品牌

2008 年至今，每年一届文化周的成功举办，是中国与东盟各个国家努力的结果，是双方领导人达成的共识——在中国与东盟国家之间搭起友谊之桥。活动不仅促进了各国在文化、教育领域的交流，推动了双方教育事业的发展，同时也帮助各国教育机构相互认识，提高了彼此在对方国家的知名度和教育品牌的影响力，为潜在教育合作提供了必要信息，进一步拓展了双方教育和人文交流的深度与广度，是双方人文交流的重要平台和特色品牌。

2. 交流周提升双边合作层次

依托交流周这一平台，中国—东盟教育部长圆桌会议已成功举办两届，成果颇丰，2010 年第一届中国—东盟教育部长圆桌会议签订了《中华人民共和国教育部与泰王国教育部关于相互承认高等教育学历和学位的协定》《中华人民共和国教育部与印度尼西亚教育部关于教育领域合作的谅解备忘录》，发布了《中国—东盟教育部长圆桌会议贵阳声明》，标志着双方教育合作向更加规范的合作形势发展。2016 年第二届中国—东盟教育部长圆桌会议发布了《关于中国—东盟教育合作行动计划支持东盟教育工作计划（2016—2020）开展的联合公报》，并在 2017 年第十届交流周开幕式上宣布通过了《中国—东盟教育合作行动计划（2017—2020）》。在第二届、第九届交流周上，分别宣布实施中国—东盟学生流动双十万计划和双十万升级版计划。2018 年制定了《澜沧江—湄公河合作五年行动计划（2018—2022）》《中国—东盟战略伙伴关系 2030 愿景》。交流周项目活动内容涵盖高等教育、职业教育、学前教育、继续教育、"一带一路"教育合作、校企合作、产教融合、青少年交流等领域，推动中国—东盟教育互学互鉴和务实合作。

3. 为深化中国—东盟战略伙伴关系做出积极贡献

交流周经过 14 年的蓬勃发展，规模由小到大，由单一的教育合作平台，拓展为以教育合作为主体的人文交流平台；时间由一周延长到覆盖全年，由在开幕期集中举办活动扩展为全年不同时段异地冠名举办多项活动。形成了中国—东盟百名校长牵手未来系列活动、中国—东盟青少年交流系列活动、中国—东盟人文交流系列活动、中国—东盟职业教育博览会、中国—东盟教育合作与人才交流洽谈会、"一带一路"教育合作六大品牌系列活动。合作联盟、研究中心相继建立，中国—东盟职教合作联盟、阿里巴巴全球跨境电商教育联盟、"一带一路"人才培养校企联盟等十大联盟工作机制先后成立。中国—柬埔寨幼儿教师培训中心、"一带一路"国际教育协同创新中心、中国—东盟大数据警务中心、贵州民族医药国际合作联合实验室等十大基地及研究中心先后建立。中国—东盟教育交流周经过十几年的发展已成为双方教育领域机制化程度最高、辐射影响力最大、务实合作成果最多的平台，推动了双方在人才联合培养、青少年友好交流、智库联合科研等方面的务实合作，为深化中国—东盟战略伙伴关系做出了积极贡献。

从创立到发展，交流周质量水平不断提高，交流周收获颇丰，在迈向成熟的过程中不断扩大影响力和品牌力量，可以从中总结经验，提炼升华，不断扩大品牌影响力。

1. 注重宣传效果，提升影响力和吸引力

交流周每年固定在贵州举办，其在贵州省内的教育系统堪称盛世，不过，受限于宣传效果和宣传范围，在交流周上产生的亮点和成果并没有被推广到全国，东盟国家亦是如此。要解决这个问题，在国内，应以国内大型外事活动为平台，比如博鳌亚洲论坛、中国—东盟博览会、生态文明贵阳国际论坛、贵阳国际大数据产业博览会等，对交流周进行广泛推广；同时，参与交流周的高校应扩大到全国，吸收、扩大交流周的参与主体，扩大交流周在国内范围的影响力。在国外，通过参与的东盟高校、组织机构加大在本国的宣传力度，扩大宣传范围。

2. 做好顶层设计，精心打造品牌项目

交流周举办 14 年，已经形成中国—东盟百名校长牵手未来系列活动、中国—东盟青少年交流系列活动、中国—东盟人文交流系列活动、中国—东盟职业教育博览会、中国—东盟教育合作与人才交流洽谈会、"一带一路"教育合作六大品牌系列活动，在此基础上要深入实施《中国—东盟战略伙伴关系 2030 愿景》等纲领性政策，精心设计交流周的活动，把效果好、受到广泛认可的活动做精做强，并把它们作为每届交流周的固定活动，形成品牌效力。此外，也可以充分利用参会人员的影响力和感召力，比如政府官员、大学校长、知名学者等，通过交流周这个平台进行人文交流，提升交流周的质量，树立交流周的形象。

3. 建立跟踪反馈机制，提高教育实效

交流周举办期间，中国与东盟的高校或者教育机构通过洽谈，签订了很多合作协议，由于缺乏持续地跟进、落实，很多协议都是流于表面，没有达到真正互相交流与合作的目的。每届交流周结束后，主办方应及时总结经验和不足，并以文字报告的形式呈现出来，对活动的成果和产生的影响给予重点关注。对于交流周期间签订的协议，要及时跟踪、调研，形成机制，反馈给各个单位以便发扬优势，补短板强弱项。总之，每届交流周举办期间，应召开经验分享会，介绍双方交流成果、合作收获，不断积累理论依据和实践经验，以助力交流周的持续举办。

二、西南地区参与中国—东盟高等教育交流与合作的优势

（一）西南地区与东盟国家的语言关系

1. 东盟十国的主要语种

语言是一个国家和民族的符号，截至2019年，东盟十国总面积约449万平方公里，总人口6.55亿人，其中人口较多的民族有爪哇族、京族（越族）、泰族、缅族、老族、高棉族、苏禄族等，总共有华侨华人2 500多万，东南亚华侨华人已经成为当地社会的重要参与者。东南亚各国语言包括汉马来语、高棉语、印尼语、缅甸语等[38]。西南地区与东盟国家语言关系如表3-1所示。

表3-1 西南地区与东盟国家语言关系

国家	主要民族	语种
文莱（Brunei）	马来人，华人	马来语（Malay）、英语（English）
柬埔寨（Cambodia）	高棉族	高棉语（Khmer）是官方语和通用语，英语、法语也是官方语
印度尼西亚（Indonesia）	爪哇族	印尼语（Indonesian）为官方语言，通用英语
老挝（Lao PDR）	老龙，老听，老松	老挝语（Lao）
马来西亚（Malaysia）	马来人，华人	马来语（Malay）、英语（English）、中文（Chinese）、泰米尔语（Tamil）
缅甸（Myanmar）	缅族	缅甸语（Myanmar）为国语，部分人会讲英语

续表

国家	主要民族	语种
菲律宾（Philippines）	马来族	菲律宾语（Pilipino）、英语（English）、西班牙语（Spanish）
新加坡（Singapore）	华人，马来人	英语（English）、马来语（Malay）、华语（Mandarin）、泰米尔语（Tamil）
泰国（Thailand）	泰族	泰语（Thai）
越南（Viet Nam）	京族（越族）	越南语（Vietnamese）

通过分析各个国家民族的语言可以知道，和中国广西、云南等西南地区陆路相连的东盟国家越南、泰国、老挝、缅甸和柬埔寨等，主要语种是越南语、泰语、老挝语、缅甸语和柬埔寨语，和广西的壮语、西南官话比较接近，充满浓厚的本民族气息。所以，在中国西南地区，学习越南语、泰语、老挝语、缅甸语和柬埔寨语等东盟国家语种在基础词汇、发音等方面有天然的优势，应该着重提倡和发展。

2. 中国西南与东盟各国的民族文化渊源分析

中国西南边疆民族地区和毗邻的越南、缅甸和老挝有着漫长的陆路国境线，民族渊源比较深远。因为历史的原因，中国与东盟各国的政体和国际关系发生了变化，边境地区的居民因地理位置毗邻，世代居住在边境地区，或者相互迁徙，虽然在国籍上属于不同国家，但在族源、语言、文化特征等方面有高度认同感，本质上属同一民族。中越、中老跨国民族一览如表3-2、表3-3所示。

表3-2 中越两国跨国民族一览

序号	中国民族称谓	越南民族的对应称谓
1	壮	岱、侬、布标、拉基、山斋
2	傣	泰
3	布依	布依、热依
4	苗	赫蒙
5	瑶	瑶、巴天、山由
6	汉	华、艾
7	彝	倮倮
8	哈尼	哈尼、西拉、贡
9	拉祜	拉祜
10	仡佬	仡佬

续表

序号	中国民族称谓	越南民族的对应称谓
11	京（越）	越
12	回	占
13	克木人	克木（克姆）
14	莽人	莽人

表3-3 中老两国跨国民族一览

序号	中国民族或族群称谓	老挝民族或族群的对应称谓
1	傣	普泰
2	壮	央
3	苗	赫蒙
4	瑶	瑶
5	汉	贺
6	彝	倮倮
7	哈尼	哈尼、西拉、戈
8	拉祜	木舍、归
9	京	温
10	布朗	三岛
11	克木人	克木、拉勉特

资料来源：周建新著《中越中老跨国民族及其种群关系研究》，民族出版社，2002：78，132.

中国和泰国双方的研究人员对西南壮侗语民族与东南亚泰掸民族关系进行探源和梳理，共同编写了《壮泰民族传统文化比较研究》，研究发现泰国主体民族泰族与中国壮族同源异流，经过长时间的历史变迁，两个民族在很多方面仍有很多相似性，如语言、建筑、宗教风俗等。研究中发现，壮语和泰语的元、辅音大致相同；比较1 000个相对古老的基本词语，两个民族有超过75%的词语相同或相近，而且壮语和泰语的语法结构完全相同。壮族和泰族都以干栏式建筑为主，除了屋顶形式和装饰、屋内布局有所不同，两个民族的房屋结构和名称、居住习惯大致相同。服饰方面，两个民族服装颜色看似较多，但是壮锦和泰锦织法相近，喜用靛蓝色做底色，图案风格也相似，小孩的帽子也十分相似。两个民族的饮食习惯相同，主食为大米，喜爱糯米饭，在野外喜欢用竹子加工做成竹筒饭食用。在古老的神话传说上都和葫芦有关联，在牛、种植方面，传说很多，情节各异，但都是起源于水稻的培育和耕种。

因此，东盟国家和中国西南地区在语言、服饰、饮食习惯、文化传说上有许多同宗同源的地方，对于中国西南地区的居民来说，学习东盟国家的语言难度不大，可以促成双方居民相互学习语言。

3. 中国西南与东盟各国的语言渊源分析

中国西南地区，广西有 11 个少数民族，方言有粤语、桂柳话、壮语、客家话、平话、湘语、闽语。云南有 25 个少数民族，方言为西南官话。重庆以汉族为主体，同时居住了 55 个少数民族，方言有西南官话——重庆方言。贵州是一个多民族共居的省份，全省共有民族成分 56 个，方言为西南官话。四川为多民族聚居地，有 55 个少数民族，方言有西南官话——四川话、客家语——广东话。西藏的主要民族为藏族，方言为藏语，语言系属为汉藏语系。东盟各国语言的语系大部分是汉藏语系。双方语系对比如表 3-4 所示。

表 3-4　西南地区与东盟各国的语言渊源分析

国家	语种	所属语系、语族	中国西南地区操相同语族的民族
老挝	老挝语	汉藏语系壮侗语族	壮、水、毛南、仫佬、傣、布依、侗
泰国	泰语	汉藏语系壮侗语族	壮、水、毛南、仫佬、傣、布依、侗
缅甸	缅甸语	汉藏语系藏缅语族	白、纳西、怒、彝
柬埔寨	高棉语	南亚语系孟高棉语族	佤、德昂、布朗
越南	越南语	语系未定	京

资料来源：顾有识，罗树杰. 中国民族志［M］. 哈尔滨：黑龙江人民出版社，2003：13-14.

从表 3-4 可知，中国西南地区和东盟国家在语种、语系上可以追溯到同源，尽管随着时间的推移，口音、词语有所不同，但是在简单的相互学习之后，双方可以顺畅地进行沟通交流。

（二）西南地区不同省份面向东盟交流与合作的共同点

云南、贵州以及广西三省区地处我国的西南地区，与东盟国家毗邻。自古至今，这些地区一直与东盟国家有着贸易上的往来，在人员交往、文化交流方面也建立起了友好的关系。正因为有着这些长久以来形成的合作基础，在推行"一带一路"和丝绸之路经济带建设的过程中，我国西南三省区显示出了重要的作用。而在国际文化交流中，教育交流与合作是其中的重要内容。其中，西南地区留学生工作的良好开展不仅关系到西南地区本身教育质量的提升，对于推进中国同东盟各国的友好关系以及"一带一路"和丝绸之路经济带建设战略的实施也有着重要的意义。

在文化传统和地理位置上占据一定的优势。相较于我国的其他省份，西南三省区在地理位置上距离东盟国家最近。而且因为毗邻的关系，西南三省区在文化上也与一些东盟国家有着相似之处，一些节日以及风俗习惯相通，甚至有些地方的语言还是共通的。边境地区的居民自古以来就交往密切。当前一些少数民族比如我国古代的壮族就生活在中国和越南的边境，宋朝时期因与交趾李朝划定国境，这部分壮族被国境线划分为两个国家的居民。由于这些境外民族与我国的壮族同根同源，因此也被称为跨境壮族。

在经济层面，2004年开始举办中国—东盟博览会，2010年建成中国—东盟自由贸易区，在共建"一带一路"、深化沿边金融综合改革试验区建设、广西建设面向东盟金融开放门户等利好政策刺激下，广西与东盟国家经贸往来不断升级，东盟连续20年成为广西最大贸易伙伴，2010—2019年，双边进出口总额达2 119亿美元，年均增长19.9%，广西与东盟的双边贸易规模和增速实现较快增长。

在教育层面，广西民族大学设有东盟学院，开展东盟学术研究和政策及信息咨询服务，培养面向东盟社会经济各领域的国际化专门人才，发挥广西在国家面向东盟开放的前沿和窗口作用。广西大学建立东盟研究院，主要研究中国—东盟关系及东南亚国家的经济、法律、文化及民族等方面的问题。广西大学在2021年成立中国—东盟金融合作学院，主要完成服务中国自由贸易试验区，完成西部陆海新通道等重大战略任务。广西财经学院建立中国—东盟统计学院，为推动中国与东盟国家的合作交流提供有力数据支撑，对于推进我国与东盟开展合作和交流有着重要意义。

贵州每年举办中国—东盟国际教育交流周，中国国家领导以及东盟十国的总领事、驻华大使、国家有关部委领导都会前往贵州参加会议，交流周越来越受到各方关注。2010年，"双十万计划"出台，即中国和东盟双方的留学生规模均达到10万人次以上。

近几年"一带一路"倡议的实施，为云南创造了更优质的留学生教育条件。云南省也根据自身情况制定了"国门大学振兴计划"，旨在推进省内的"双一流"高校将教育资源向邻近国家辐射，这不仅扩大了留学生规模，还提高了教育教学质量。各高校积极宣传和发展自身的优势专业，吸引留学生前来就读，取得了很好的效果。

1. 经济上发展相近

2020年世界经济论坛官网刊发报告《未来快速增长的消费市场：东盟》显示，东盟已成为世界上经济增长速度最快的地区之一。预计到2030年，东盟将成为世界第四大经济体，GDP将达到4.5万亿美元。随着东盟国家经济的增长，就总体消费水平来说，其与我国西南三省的差距会有所缩小，因此普通家庭可支付双方的留学费用。

2. 技术类专业的供求相近

相较于中国，东盟国家的发展水平还较低，这就使得东盟国家更热衷于学习中国的养殖和种植技术，对于这方面的人才有着更多的需求。而西南三省在农业技术方面有着较高的水平，而且这些地区与东盟国家的气候条件类似，因此前往中国学习种植、养殖技术是理想的选择。

与此同时，西南地区不同省份与东盟进行交流与合作也面临相同的问题：

1. 经济发展缓慢，无力与大城市竞争

与国内一线城市相比，西南三省在经济条件上还处于弱势，一些优质的人才大多会流向一线城市，其教育条件必然要比西南三省更为优越。正因为如此，一些来自东盟国家的留学生也会随后从西南三省流向一线城市，因为一线城市有着更好的教育质量，社会对于这些地区优质高校的认可度也更高，这是造成留学生向一线城市流失的主要原因。当留学生的规模无法保证时，西南三省的高校不得不降低留学生的准入条件，由此带来的后果就是留学生的基础达不到既定的标准，教学质量难以保证，形成了不良循环。

2. 教育条件上的劣势

在国家的扶持下，西南三省均有省属的"双一流"高校，但综合办学实力仍然有限，大大降低了对留学生的吸引力。虽然这些"双一流"高校都是综合性高校，但实力与其他省市办学实力雄厚的老牌大学相比，并不占优势，这些大学会基于综合发展的需求，而不会对某一专业建设投入更大的力量，因此这些高校大多缺乏有特色的优势专业，这也是留学生不选择西南三省高校的一个原因。

三、西南地区与东盟国家高等教育合作的内容

进入新时期后，在对外开放方面，我国提出了"一带一路"倡议。云南地理位置优越，恰好位于"一带一路"沿线的一个黄金地段，在我国实施"一带一路"倡议的过程中具有十分重要的作用，可以说是"桥头堡"、新起点。当下，我国的发展已经进入了新时期，在此背景下，云南要主动承担核心区的责任，这也是时代赋予云南的使命。下面以云南省为例分析西南地区与东盟国家高等教育合作的主要内容。

2016年，以"一带一路"背景为依托，教育部和云南省人民政府就相关内容签署了《开展"一带一路"教育行动合作备忘录》（以下简称《备忘录》）。

《备忘录》也是"十三五"期间,云南省开展高等教育国际合作的依据和纲领性文件,该文件不仅对教育部支持的云南省的国际合作教育重点领域进行了明确,对云南开展与东盟国家高等教育合作的相关内容进行了确定。

(一) 明确了合作的重点

《备忘录》提出要不断加强"携手同行、顶层设计、政策倾斜、重点突破"的省部之间的合作,明确将从以下五个方面加强对云南省高等教育国际交流与合作的支持:

(1) 对云南省教育对外开放战略的制定和"一带一路"教育行动规划进行指导和帮助,同时在实施方面给予一定的支持。

(2) 为了帮助云南省大幅提升教育管理队伍以及师资队伍的国际化水平,对相关的项目和计划进行积极的建设和推进,比如新加坡南洋理工大学的高校英语教师进修奖学金项目、中美富布莱特外语助教项目、高等教育教学法出国研修项目、中西部大学校长海外研修计划,等等。

(3) 在设立的"丝绸之路"中国政府奖学金专项中,要不断加大国家相关支持力度,与此同时,关于省级政府奖学金中,留学生的配套名额所占的比例也要增加,给予云南省适当的支持,帮助其更好地对"留学云南"这一品牌进行重点打造。

(4) 要大力加强对云南省高校"一流大学"以及"一流学科"的建设,应用中外合作办学模式,并引入一些国外的优质教育资源,对于那些拥有良好办学基础的学校,要支持他们将地缘优势充分发挥出来,同时和"走出去"这一战略进行结合,在海外建立实训式的培训基地。

(5) 借助一些合作机制平台,比如上海合作组织、中俄教育合作分委会、中俄人文合作委员会等,以及一些人文交流机制,比如中印尼副总理级人文交流机制,和一些人文交流活动相结合,比如中阿大学校长论坛、中国—东盟教育交流周等,对云南省进行鼓励,支持他们和"一带一路"的沿线国家之间进行教育方面的合作交流共建,对云南省的高校和东盟各国、西亚各国等国家、区域的研究基地的建设给予支持。

(二) 确定了合作的主要内容

《备忘录》确定了云南高等教育国际合作的主要内容:

(1) 和一些国家级的战略平台进行紧密合作,比如丝绸之路国际文化博览会、华夏文明传承创新区等,围绕着敦煌文化,并以此为基础结合其特色开展中外人文交流活动,在教育、文化、科技、经贸等方面,对相关的合作交流进行促进。

(2) 要充分地利用国家的一些项目,比如西部地区人才培养特别项目、建设高水平大学公派研究生项目、西部连片贫困地区的中学英语教师出国研修项目，等等。要逐渐扩大公派留学生的规模，为云南省的发展培养出一批急需的人才，尤其是需求量较大的高层次的复合型人才，对于东干族到中国留学的本科班、硕士班，要加大开办力度，使得到云南省留学的总人数在2020年达到3 000人规模。

（3）与本省制定的高等教育发展战略进行结合，精心筹划，对于境外的一些优质教育资源要有选择的引入，积极进行合作办学，在办学经验方面逐渐形成兼具中国特色和国际视野的先进经验，对本省的高等教育国际化水平以及教育实力进行着力提高。

（4）对"丝绸之路"境外办学推进计划进行推动实施，以云南省高校自身的优势学科为依托，在境外有序开展办学并稳步推进，比如，对云南交通大学和泰国皇家伊森科技大学之间开展的相关校际合作项目进行支持，对云南省中医药大学即将开办的岐黄中医学院进行支持，对云南城市学院和中兴通信公司之间的合作大力推进，该合作主要是为信息通信产业培养高素质的人才。

（5）对高校智库的建设进行进一步加强，积极开展国家、地区以及国际问题的相关研究，大力支持相关基地的建设，比如云南大学的东盟研究所、云南政法学院的丝绸之路国别政治与法治研究院、云南中医药大学丝绸之路中医药发展研究院，等等。大力推动东盟各国本土的汉语教师培训基地（中心）、丝绸之路沿线各国的孔子课堂及孔子学院的建设，加大力度办好、建好。

（6）对"一带一路"高校联盟的建设进行大力支持和推动，对"一带一路"高等教育共同体进行着力建设和打造。为联盟高校各方面的工作提供经费支持以及政策支持，比如留学生的互派、学科联盟的建设、合作科研、国际评价，等等。对于联盟高校之间的互联互授工作进行推动，比如学分互认、学位互授，等等，对联盟高校的主题论坛的建设举办进行支持和指导。

（三）建立了完善留学生奖学金与资助体系

站在国家和区域的整体战略格局角度，对相关问题进行思考，借助于健全和完善奖学金相关政策，云南对于来滇相关留学生的教育建设问题不断进行提升加强，在制定整体规划时将留学生相关工作也考虑进去。从2016年开始，云南省每年都会划拨专项资金（约500万元/年）专门用来对到云南高校学习的东盟留学生进行资助，其资助的学生范围不仅包括来华接受本科和研究生层次学历教育的那些优秀的外国留学生，也包括一些品学兼优的长期在外国进修的学生。与此同时，因为每年来此留学的学生数量都会有所改变，政府会根据实际情况对"云南省丝绸之路专项奖学金"的金额进行适当的调整增加。在《备忘录》中也明确指出，云南省"丝绸之路"中国政府奖学金的名额共计500名，同时将边境省份的自主招生中国政府奖学金名额增加到200名，也增加了研究生层面的政府奖学金数量，接受中国政府奖学金的高校名额增加了1~3所，使得云南省的高校能够对外国留学生产生更大的吸引力，确保到云南留学的外国学生水平能够持续得到提高。当下，在云南高校中，中国政府奖学金的招收计划已经达到170余人/年。

在云南省内，云南大学、云南民族师范学院两所院校都是"中国政府奖学金""丝绸之路奖学金"的项目接收学校，也是"孔子学院奖学金"的接收学校。同时，为了增加对东盟留学生的吸引力，省内的其他一些高校也专门设立了相关奖学金，比如校长奖学金、个人奖学金等。除此之外，还有一些奖学金的设置是为了对社会急需的各类专业人才进行培养，各国都十分认同和重视政府间的协议合作。查阅相关的数据资料，并进行统计分析，我们发现，最近三年，有2 800余名留学生申请并获得了相关的各类奖学金，如"中国政府奖学金""丝绸之路奖学金""孔子学院奖学金"等，其中，占比最大的就是来自东盟各国的留学生。

第三节 西南地区与东盟国家高等教育合作典型案例

广西高校在定位自己办学方向的同时充分发挥了自身的优势，这也是西南地区高校予以借鉴的地方。从对广西高校和东盟高校合作办学的目前状况、优势以及存在的不足进行分析后，我们的做法也在一定程度上推进了广西高校和东盟高校合作办学的高层次发展。

一、广西高校与东盟高校合作办学的基本情况

中国—东盟自由贸易区建设步伐的推进，加速了中国和东盟国家的往来和交流，让双方的合作基础更为扎实。中国在和东盟国家的合作中也有效推进了人才培养计划，让广西高校获得了前所未有的发展机遇[39]。在这一利好条件下，广西高校也紧紧抓住这一历史机遇，对合作办学的机制和形式予以了大胆创新，突出了自身的优势和特征，加强了和东盟国家的合作与互动。

（一）合作办学达成共识，共同推进

中外合作办学充分利用了外资和优质教职员资源的双重优势，有效地推动了教育的快速发展。中国—东盟自由贸易区的启动是在2002年11月召开的第六次中国和东盟国家领导人会议上提出的，对于教育合作和交流的重要性获得了双方领导人的推崇和认可，因此也提出了在经济合作上要充分发挥教育合作的前提和

基础作用,并将这一内容放入了《中国与东盟全面经济合作框架协议》中。之后,两国也为高等教育合作和交流等有关合作做出了非常大的努力,并签署了一系列的法律文件,如《东南亚友好合作条约》《全面经济合作框架协议》《中国—东盟争端解决机制协议》等,让中国和东盟的高等教育合作与交流也有法可依,有利于中国和东盟高等教育合作和交流的不断发展和深入。

(二) 合作办学势头强劲,蓬勃发展

广西高校和东盟高校进行了很多层次较高和范围较广的合作班学习项目。现在主要有广西师范大学、广西师范学校、广西民族大学、广西财经学院、广西大学等本科院校和广西农业职业技术学院、广西国际商务职业技术学院、广西交通职业技术学院等高职院校,它们都和各个东盟国家的高校之间进行了合作办学,其发展势头非常强劲。

(三) 合作办学的方式多样,注重实效

1. 联合办学

广西高校和东盟高校合作办学的主要方式就是联合办学,而且对其合作和交流产生重要推动作用的主要方式就是提出了很多创新性的人才培养方法。其中最有典型意义的就是广西民族大学,它是最早、最成功和最有经验的联合办学倡导者。广西民族大学在1993年就成为首个和越南国家高校展开联合办学的高校[40],并进行了"3+1"人才培养模式的探索,是让学生在国内学习三年并去语言对象国学习一年的一种教育方式。到目前为止,广西民族大学签订的对等交流培养学生协议涉及了越南、泰国、柬埔寨以及老挝等国。现在,广西民族大学开设了八个东盟国家语言教育,如泰语、缅甸语、印尼语、老挝语以及越南语等,是具有最多东盟小语种的广西高校,并拥有1 000多名东盟语种学生。通过该种培养方式,有效提升了学生的听、说、读、写、译的基本技能水平和实际运用能力。而广西师范大学也在这一过程中进行了大量的经验借鉴和参考,在2004年秋季获得广西教育厅审批后和越南河内外国语大学、越南胡志明市外语信息民立大学开展了联合办学,并以"2+2"的教育模式进行了本科教学,该方式是前两年在国内学习,第三年到第四年便在越南进修。课程成绩合格后,可以对学分进行转换,颁发相应的毕业证书,而且通过论文答辩还可以获得学士学位证书。

2. 互派留学生

广西高校和东盟高校联合办学主要是通过互派留学生的方式完成的,并将其作为制度来进行管理。东盟国家的留学生对广西高校也情有独钟,自20世纪90年代起,广西各个高校也招收了大量来自泰国、老挝以及越南的留学生。在最早

接受外国留学生的 66 所大学中就包括广西大学。广西民族大学和东盟国家开始实施校级交流是在 1993 年，目前已经派出 1 000 多名留学生到东盟各国学习，并招收了 500 多名东盟国家留学生。广西师范大学在 1981 年获得国家教育部批准开始招收外国留学生，现在有 500 多名的在校留学生，均来自印度尼西亚、泰国、新加坡以及越南等国，并招收了 400 余名短期留学生；与此同时，广西师范大学也派出留学生到越南等国的高校学习。此外，广西师范学院还招收了 100 多名在校留学生，有 90% 以上均来自越南、印度尼西亚和泰国等国。

3. 在职人员培训

充分发挥高校的资源优势和对在职人员的培训获得了各国政府的高度支持和重视，这也是一种重要的广西高校和东盟高校合作办学的模式。这种培养方式是由政府在协议中签订的，因此其特征为具有较强的政治性和明确的培养目标等。通过对各个国家的在职人员进行短期的培训和交流，以更好地服务于东盟国家的外事活动和商务贸易等，因此具有广泛的生源。

现在，东盟各国如泰国、老挝、柬埔寨以及越南等都将在职干部送到广西青年国际交流学院进行交流培训和语言学习，他们也为广西和东盟国家友好交流做出了积极的贡献。

4. 教师互访和学术文化交流

广西高校和东盟高校的合作办学还可以通过学术文化交流以及教师互访等方式进行，这对合作办学的稳健发展也提供了一定的促进作用。

二、广西高校与东盟高校合作办学的优势

以中国高等教育和东盟高校之间的合作与交流的发展趋势来看，广西高校所具备的优势是其他省市所不具备的。

（一）具有明显的地域区位优势

广西位于珠江三角洲、大湄公河区域以及中国—东盟自由贸易区域经济合作的重要地理位置，具有显著的地域优势。尤其是广西还和东南亚相对，并背靠大西南，从而也成为连接中国和东盟的重要区域；所以说在与东南亚国家之间的往来和交流中，广西具有独一无二的地理优势。

（二）具有明显的合作交流枢纽优势

中国—东盟博览会永久地址定于广西南宁，并在此举办了五年的中国—东盟博览会，作为中国—东盟合作交流中心的南宁也成为其合作和交流的枢纽，且其

地理优势也越来越突显出来。

(三) 具有成功的合作办学经验

广西高校和东盟高校的合作办学经过实践后也探索出很多的人才培养模式。此外，还进行了很多合作办学的专业和课程设置，由原来的以汉语进修为主也开始转变为以专业课程和学历教育为主，以对方国的语言知识和基本技能课程教育为核心，以对方国的文化礼仪、概况以及新闻基础知识课程教育为辅，从而促进学生语言文化知识体系的形成和语言综合运用能力的提升，使其能够较快地适应基本的教学工作和翻译工作等。

三、广西高校与东盟高校合作办学的启示

(一) 合作办学具有互补性和广阔的空间

中国—东盟自由贸易区的建设得到不断的发展，也促进了广西和东盟国家之间的政治、经济、文化和贸易交流与合作，而且文化交流也日益加剧[41]。现在广西和东盟国家都是中国—东盟自贸区的重要参与者，因此也进行了日益紧密的经济、贸易以及文化交流，而广西高校和东盟高校的合作办学也在这一过程中发挥了自身的优势，并形成了双方共赢的局面，有利于相互之间的信任度和理解度的提升。所以说合作办学是具有广阔性和互补性的一种有效的合作交流方式。

(二) 合作办学需要实践创新和机制创新

中国和东盟经济社会发展和文化交流合作需求也不断发展，广西高校和东盟高校也进行了多种多样的合作办学模式的探索，如联合办学、在职人员培训、教师互访、学术交流以及互派留学生等[42]。不过，由于合作办学是一种创新的方式，还有待在实践中不断进行完善和改进，以探索更有优势的办学方式。首先中国和东盟高校之间的合作办学需要遵守两国的法律法规和签署相关文件，从而促进办学的合法性和持续性。其次是要从合作办学的实际情况出发，对现在的联合办学、在职人员培训、教师互访和学术文化交流等模式上存在的不足和问题进行深入的分析，以便更好地对合作办学机制进行完善和创新。最后是对跨国合作办学的新项目和新模式进行探索和创新，积极落实"走出去，引进来"政策，还可以促进"汉语桥"的工程建设，将优质教育资源予以有效整合，为合作办学带来积极的推动作用。

第四章

西南地区与东盟国家高等教育合作面临的问题

在西南地区与东盟高等教育合作交流过程中，既取得了成绩，促进了双方高等教育发展，但也存在一些值得关注和需要去解决的问题。

第一节 地方政府相关服务不到位

虽然中国在近几年出现了"东盟热"，但是政府和非政府间表现出的热度却完全不同，在与东盟的合作与交流中，政府部门表现得较为积极和主动，而非政府部门则表现得较为被动与冷漠。西南一些高校与越南、泰国等东盟国家的高校签订了合作协议，合作内容包括学者互访、学术交流、合作办学等，但是很多项目只停留在纸面上，并未进入实施阶段。中国—东盟自由贸易区建成后，有不少涉及中国与东盟的信息网站出现在互联网上。但是，其中也有不少网站更新不及时、信息不准确，形同虚设。

一、相关配套政策支持不够

我国的教育业有其特殊性，大多以公益性为主，未能很好地发挥在经济方面的带动作用，也未能对地方经济发展起到应有的带动作用。高校不仅应担负起教育的责任，为国家和地区参与国际国内竞争输送优质人才，还应抓住参与高等教育国际化合作的机遇,为国家、为地方创造经济利益。与发达国家相比,我国参与国际合作办学有着不同的目标和定位[43]。发达国家合作办学的最终目的是创造经济效益,如澳大利亚政府将国际合作办学当作一种产品推销到世界各地;英国招收大量留学生,所收费用也被用于本国的高等教育输血;美国则把留学生的全部学费用来增加本国高校的教育经费。以上可以看出,西方发达国家开展高等教育国际合作主要以增加国家和教育领域的经济利益为出发点。而我国的高校则偏重于公益性质,例如,我国在合作办学时,各种教育机构不允许由外资独立运作,外方只能占有更多股权。我国主要以互利互惠为原则开展与各国的教育合作。

此外,还有一些因素,如新加坡政府意识到积极参与跨境教育能够带动第三产业,如饭店、商场等行业的经济收益,留学生未来还能将新加坡的国际网络扩展至更大范围。现阶段,我国与东盟国家在教育国际化方面的合作进展顺利,我国教育输出市场也正在快速发展,但由此也带来了更多贸易争端,出现了贸易保护主义的端倪。在我国与东盟国家开展高等教育合作的过程中,需要认真解决这些新的问题和应对新的挑战。

二、政府参与推动较少

东盟国家由于政治体制不同,经济发展水平不一,文化历史的变迁存在差异,尤其在教育领域,各国也存在着很大差异,它们在高等教育水平、教育体制上各不相同。我国高校不够重视与欠发达国家开展国际教育交流,我国高校中与欧美等发达国家建立合作交流关系的占比达60%,而且这些办学机构也大多集中在我国的东部沿海城市,而来自东盟的留学生大多在我国西南地区的高校中就读,一些知名的大学通常很少招收东盟国家的留学生[44],即便少量招生也都集中在语言、工商管理、经贸等常规专业。

在中国与东盟国家的合作过程中,高校是双方合作的实际推动者,这导致缺乏核心领导力,因此,这种合作只能局限于高校之间。

而中国同东盟国家所开展的国际合作,大多也局限于合作办学及开放留学市场等方面,此外,合作区域也大多只在中国的西南各省,参与国际合作的高校无法从宏观角度出发,按照各自的优势和地域特点来对合作办学的相关事宜做出调整,导致目前一些专业和学科设置重合。而且很多项目只限于协议的签订,而未能进入实质性的操作阶段,目前也尚未出台规范的制度来为合作协议的正常运行保驾护航。

三、缺乏相关的法律法规

随着高等教育跨境合作的愈加深入,一个关键的问题横亘在人们面前——目前我国尚未就国际教育的质量和资质做出比较明确的规范,相关学历及个人学术能力的认定主要还是由雇用留学生的单位进行。直到 2003 年才发布《中华人民共和国中外合作办学条例》,并细化了《中华人民共和国中外合作办学条例实施办法》等相关法律法规。例如《中华人民共和国教育法》《中华人民共和国高等教育法》等法条尽管在上位层面规定了国内相关办学和教育的制度,但未就涉外教育做出很好的规范,同时作为宏观性法律文件,法条缺乏具体可操作的规定或措施。总体来说,涉外教育的各类规定和接管机制仍存在较大空缺,一些如学历共认等与留学活动配套的机制尚未完全建立,这给留学工作的开展带来了极大不便。

第二节 高校自身建设不足

现在,课程内容狭窄、实用性不明显等问题也成为西南各个高校课程设置上的主要问题。此外,课程设置、双语教学师资以及教材编写等问题同样存在于和东盟合作交流中。例如,有些高校主要开设了经贸东南亚语、东南亚语谈判与口译、东南亚宗教、民俗以及旅游东南亚语等有关的东南亚语种。但是受师资力量有限的影响,因人设课现象层出不穷,课程设置也不能根据人才培养目标进行。从教材编写上来说,相关专业知识和专业人才的欠缺,也导致了教材编写的实用性较弱。

一、面向东盟留学生课程体系不成熟

目前,西南地区各高校尚未设置专门的对外教育服务机构,因此,未能根据"一带一路"沿线国家中的留学生个体需求的不同,设置相应的留学教育课程[45]。表现为国际先进的课程设置和教学方法的引入都还很欠缺,存在专业设置不合理、教材缺乏特色、教学模式单一等问题,不利于留学生教育培养质量的提升。此外,东盟留学生纷纷表示希望学校能为他们设置更多的双语课程以及安排更多的双语教师为其上课。高校双语教学的课程数目严重不足,能够使用双语授课的教师比例较低,这致使大部分来华留学生只能先集中在汉语言专业学习或参加短期汉语培训,在汉语学习期结束后才能选择自己感兴趣的其他专业。这将不利于

"一带一路"沿线各国留学生在西南地区留学教育中获得良好的专业教育。

二、留学生管理工作与服务不到位

留学生管理与服务是高校软实力的一部分,更是高校对外形象与声誉的一扇窗口。留学生管理工作细微繁杂,包括报到、入学、办证、体检、住宿、就餐及医疗等一系列日常管理工作。大部分东盟留学生对高校日常管理工作和服务态度的满意度评价较低,表现为管理人员外语听说能力较差,在留学生遇到困难和问题向相关管理人员寻求帮助时,经常会因语言沟通的障碍,不能及时为留学生提供相应的服务,使得管理工作效率低下;学校餐厅服务人员和医务人员的日常服务态度较差,沟通缺乏耐心;学校缺少针对留学生群体的专门性心理辅导咨询部门,对留学生心理疏导工作较为忽视等,这使得西南地区的留学生不能更早更好地适应留学生活。

三、师资力量和管理队伍不足

高校师资水平和教育质量息息相关。东盟留学生对高校教师教学水平及教务管理人员服务态度与水平的满意度评价较低,教师双语授课能力较低,语言功底较弱。而学校管理人员整体素质不高,外语沟通能力较差,服务意识淡薄,管理能力和跨文化沟通能力不足,致使当留学生遇到一些突发问题时不能及时有效地沟通、协调和处理[46]。

第三节 合作项目规范性不强

语言学习和培训也是现在西南地区和东盟国家合作办学设置课程的核心内容,其他专业的涉猎较为有限。新加坡、泰国及马来西亚等东盟国家的经济在"二战"后有了很大转机。在经济管理上也获得了全面发展,与英、美、法、澳等国家都开展了合作办学,并获得了很多先进的管理技巧和理论等,输送了大量的应用型人才。东盟国家就有5所院校进入了亚太地区MBA学院前十名。此外,从国际上来说,西南地区的高校在水利、农业上都具有较大优势,只是还暂未和东盟高校合作办学。因此,西南地区和东盟合作中还未有效引进东盟高校优势,也没有合理利用自己的优势。以下以广西壮族自治区为例进行阐释。

一、发展规模较小

自 1993 年开始，广西民族大学就已经开始尝试合作办学，这也预示着广西高校和泰国高校合作办学的开始。在将近 30 年的探索和改进中，合作办学项目也取得了较大成就，并在专业数量和招生人数上也获得了很大的进展。不过相较于国内其他合作项目来说，广西高校和泰国高校合作办学还没有规模化发展，而是长期停滞不前。而且广西各高校的专业数量也越来越多，并以泰语作为主要方向，此外还涉及了对外汉语、经济管理、旅游管理及国际商务等泰语专业。设置泰语专业的广西高校也加强了和泰国高校的交流与合作，并在合作规模上有较大进展，这在专业招生人数上有所体现。从表格数据来看，在和泰国高校合作办学的专业数量上来说，广西民族大学排名第一。此外，旅游管理、对外汉语、国际贸易等专业也开设了泰语方向，实行"国内学习 3 年，泰国学习 1 年"的"3+1"人才培养模式，到大学三年级的时候，学生可以自由选择是否去泰国继续学习。从招生数量来说，泰语专业的计划招生较为有限。相对而言，旅游管理、国际贸易、对外汉语专业的招生计划人数则更多，一般在大学一年级主修自己的本专业课程，到大二才开始选修一些东盟国家的语言课程，且人数也比较有限。学习泰语也是很多广西高校和泰国高校合作项目的主要目标，因此也会限制学生数量和合作专业。学生去泰国学习前必须经过一定的短期语言培训，这样才能达到全泰文教学的要求。在合作办学规模的扩展中面临的一个主要问题就是外语能力，这也在一定程度上限制了广西高校和泰国高校合作办学的可持续发展。

二、合作模式单一

广西高校和泰国高校的合作办学方式较为简单，一般包括两种：一是嫁接型模式，二是双校园模式，这两种模式都会对合作的深入发展产生一定限制。

（一）双方的合作方式为比较松散的嫁接型模式

为了实现跨校园学习，广西和泰国高校也协定了教学计划、人才培养目标及课程设置等，并利用学分转移和课程衔接的方式来实现。在嫁接型模式下，合作院校不会改变之前的教学模式和教学方法，并相互保持独立性，基本上不会进行教学内容和办学理念的交流和合作。学生在国内学习期间，广西高校需要开展泰语语言基础知识，泰语听、说、读、写、译综合运用能力等专业教学，并进行泰国概况等文化课程教学，一般不会涉及国外优秀课程和双方共同合作开放的课程。在泰国学习阶段，泰国校方的课程开设会根据广西高校的要求来设定，例如，泰语专业以泰语语言能力课程和听说能力培养为主，并设置了一些写作和阅读课程；此外，为了促进学生了解泰国文化风俗，设置了一定课外实践考察活动。这种方式促进了学生对泰国和中国两种教学模式的适应性，有利于发挥两国的教学优势和价值。不过，却无法有效吸引泰国高校先进的教学方法和教学理念，这也没有真正达到提升广西高校整体教育水平的合作办学目标，因此也只是一种较浅层次的合作。

（二）学生学习分为国内和国际两个阶段

在广西与泰国高校开展的双校园模式中，学生的学习时间分为国内和国外两个阶段。主要包括以下四种类型，即"2+1""2+1+1""3+1"和"3.5+0.5"等。学生在国内学习阶段要完成基本的泰语和专业基础知识；在泰国学习时也要完成相应的学习要求。双校园模式具有一定优势，主要就体现在让学生具备了去泰国高校学习的机会，对国外教学环境和社会环境更为熟悉，有利于培养国际性复合人才。尽管泰国每年的留学费用比国内只多出1.5万元，与去欧美国家留学费用来说不值一提，不过还是有很多家庭无法承担。很多家庭因为费用问题也无法支持孩子去泰国高校留学，一般只能继续在国内完成学习。其他省份具有更多模式的合作办学项目，相对来说，广西和泰国高校的合作办学方式较为单一，没有可选择性。任何一个合作方式都具备自身的优势和劣势，多样化发展合作项目模式才是促进高等教育合作不断发展的主要手段。

三、质量监管体系不完善

双方院校都应该加强对合作项目的监管和管理，这样才能促进合作项目的高质量完成和持续稳健的发展。很多高校只着眼于当前的经济效益，忽视了提升教学质量，这将不利于学生的教育。这也是社会上产生很多质疑声音的主要原因，造成公众对合作办学机构不信任等。加上社会、政府和学校等没有对合作项目展开有效的质量监督和评估，也使得中外合作项目的质量成为大家质疑的主要焦点。

第四节 留学生教育管理制度不健全

最近几年，到我国西南地区来留学的"一带一路"沿线国家学生逐年增多，国别也越来越多，关于留学生学习的各个方面都开始变得更加多元，包括其文化背景、经费来源、培养层次、学习类别、专业选择等。这也给我国的高校带来了更大的挑战，尤其是关于留学生的教育管理问题，难题不断。目前，我国的大部分学校在管理留学生时的方案，都是在针对国内学生的教育管理经验的基础上制定、设置的，方式类似，从整体来看，相对比较零散，不够统一；同时，在顶层设计方面也有所缺失，关于权责的分配不够清楚明确。

一、留学生管理的组织和队伍建设需加强

当下，我国大多数高校都采用了两级管理体系来对留学生进行教育管理，即校级和院级这两级。在学校层面，会设立相应机构，比如国际交流合作处、国际教育学校等，这些机构负责的主要工作都是针对留学生的生活琐事方面，比如招生、学籍注册、日常管理等；而在留学生的教学方面，则由几个部门共同负责，通常包括学校教务处、国际教育学院、研究生院、相关的专业院系等；在留学生的住宿方面，则通常由后勤部门来统一负责安排；关于其安全稳定等方面的问题，则归属学校的保卫部门。这样的组织架构虽然看似很好，却存在着很大的问题，主要表现在两方面：其一，在学校这一层级上，关于留学生的管理机构，比如国际交流合作处等，它既不是学校的机关，也不是学校里的二级学院，与其他的有关职能部门以及二级学院之间，也没有上下级的隶属关系，这就导致相关部门的地位十分尴尬，在教育管理留学生时，不能统一组织和协调，进而导致对留学生的管理相对比较松散，办事效率也比较低；其二，在留学生看来，管理自己的部门过多，在学校里的学习生活需要和多个不同部门对接交流，非常不方便。

培养留学生的任务目标最终能否真正达成、落到实处，和对留学生进行教育管理人员的综合素质高低直接相关，相关人员的综合素质越高，培养留学生的任务目标完成得就越好。要创新和改革与留学生有关的教育管理理念，最主要的就是要提升相关教职人员和管理人员的综合素质，努力培养一批高素质的留学生管理人员——他们要具备极强的能力、拥有渊博的学识，同时在业务方面还需十分精湛，这对于我国未来"一带一路"建设的持续推进来说，意义深远且重大。当下，我国高校关于留学生管理的人员队伍建设还存在着不少问题，主要表现在两方面：其一，管理队伍的结构比较复杂，且表现出了严重的老化性，大部分管理留学生的人员都是抽调来的，大多来自学院或是机关部处，甚至还有一些是外聘或退休返聘人员，这些人员普遍不具备专业的知识储备，关于自己从事的这份留学生管理工作也没有归属感和认同感。其二，管理队伍进口不严、出口不畅。各个高校在招聘留学生的相关管理人员时，通常只在学历和外语水平方面做出要求，即需要应聘人员具有硕士及以上学历、拥有较高的外语水平等，但在专业学科背景方面（主要指管理学、教育学、心理学等学科背景）并没有提出相应要求。在相关人员办理入职后，也没有为他们提供与之对应的培训，关于这些人员

的晋升通道也不明确，也没有建立起完善的考核评估制度与机制。

二、留学生跨文化适应指导不足

在我国的高校中，国内学生的服务体系相对比较完善，像学业指导中心、资助管理服务中心、心理健康咨询中心、后勤服务中心、就业创业指导服务中心等，都是为学生在校学习期间的相关学习、生活活动提供服务的，覆盖了方方面面。但是，这些机构的服务对象都是国内学生，并未覆盖留学生群体，虽然留学生到中国高校学习，但是对我国的法律法规、社会文化及生活常识等都不甚了解。进入学校学习后，大部分留学生也不太了解学校及周边，包括学校的历史背景、周边的环境情况、校园的生活情况等。与此同时，这些留学生背井离乡，本身就承受着极大的压力，在心理方面也更容易出现问题，关于将来的职业生涯规划和发展，也没有能够给予指导和帮助。可以说，西南地区的留学生基本没有接受到任何跨文化适应的指导。

三、留学生的社团活动和公寓管理相对松散

在大部分高校中，对中国学生的管理和对留学生的管理都是分开的，西南地区的留学生管理也不例外，这就导致了以留学生为主要对象的社会活动很少，留学生相关社团的建设也比较落后。第一，管理社团的领导部门不同，通常来说，针对国内学生的相关社团活动，主要负责建设的是社团联合会（由团委进行管理），相对来说，整个管理体系更加完善，能够提供给大家更充足的资源。但是在留学生相关的社团建设方面，则没有这样完善和充足的投入及指导。第二，由于文化之间的差异或宣传不充分等，大部分中国学生的社会活动都很少有留学生参与，国内学生和留学生之间很少有机会能够交流合作和沟通融合。当然，留学生相关社团的建设本身也有一些问题：首先，没有指导教师，在组织活动时往往缺乏科学性和建设性；其次，缺少资源方面的投入，活动效果也大打折扣；再次，没有有效宣传相关活动，因此参与的人数不多；最后，对国别有限制，这往往成为一道无形的壁垒，导致缺乏文化融合。

在留学生相关的教育管理体系中，关于留学生公寓的管理和服务是其中十分重要的一环。现在，针对留学生住宿问题，通常是采用了分散住宿和集中住宿两种模式中的一种，我国的各个高校通常都会按照本院校自身的情况进行选择。从管理服务水平方面来看，绝大多数高校仅仅只是为留学生提供了一个居住生活的场所，并没有统一的规划安排，功能方面没有进行区分，文化上也没有融合，可

以说，还远远达不到一流国际学生社区的建设要求。

1. 关于留学生公寓管理模式本身，就存在很多问题

（1）宿管人员往往外语水平一般，和留学生之间存在一定语言沟通障碍等问题；

（2）公寓的消防安全及用电安全等问题；

（3）留学生的卫生习惯、饮食习惯等问题；

（4）留学生的宗教信仰不同等问题。

2. 留学生公寓的相关管理问题形成的原因

其一，当下各个高校的留学生人数都在不断增长，而高校硬件条件建设却远远跟不上人数的增长速度，一些公寓的管理人员本身文化素质不高，也没有掌握相关的信息化管理技能和手段；其二，留学生本身也存在一些问题，到西南地区来学习的留学生本身就来自很多不同的国家，他们使用的语言也并非共通，还存在着许多不同的宗教信仰，每位留学生都有着自己的生活习惯，彼此之间区别很大，不管是留学生个人的素质还是文化背景和习俗等，都存在着很大的差异性。如何才能有效提升公寓管理的水平？首先，要充分重视留学生公寓管理问题，认清当下形势，强化管理意识。建立起的管理体系应当包含国际教育学院、保卫处、后勤管理中心等三个部门，而这三个部门之间则需要加强沟通，明确各自的责任，联合行动，尽可能发挥出合力。其次，在留学生的住宿条件建设方面，要适当加大投入力度，改善提升留学生公寓的硬件设施建设，使留学生在生活方面的各种需求都尽可能地得到满足。再次，完善相应的规章制度，在规范留学生的生活习惯方面，要建立"契约"，在充分尊重宗教信仰的同时，尽可能地淡化宗教色彩，维护校园稳定。最后，对于相关的公寓管理人员，要着力提升其素质水平和责任意识，要为他们提供培训机会，让他们提升和留学生进行语言交流的能力，学习国际礼仪，同时对于各个国家的历史地理以及文化习俗情况都要有所涉猎和了解，避免在管理留学生时出现不必要的麻烦。

第五章

西南地区与东盟国家高等教育合作的机遇与挑战

第一节 西南地区与东盟国家高等教育合作面临的新机遇

2013年9—10月,为了推动世界经济一体化进程,谋求地区间在经济、教育、文化等多方面的深入合作,国家主席习近平先后出访了亚洲多国,并提出以古丝绸之路为原型,共建"丝绸之路经济带"和"21世纪海上丝绸之路"的重大倡议。这样一个以谋求共同繁荣为初心的倡议一经提出,迅速得到了国际社会的高度关注,同时也是我国践行对外开放诺言的又一重要举措。经过对国际合作局势的仔细研判,中国政府于2015年3月8日正式发布了《推动共建丝绸之路经济带和21世纪海上丝绸之路的愿景与行动》(以下简称《愿景与行动》),这标志着"一带一路"倡议正式站上国际舞台。

在《愿景与行动》的合作重点部分指出:沿线各国资源禀赋各异,经济互补性较强,彼此合作潜力和空间很大,以政策沟通、设施联通、贸易畅通、资金融通、民心相通为主要内容。其中,民心相通是"一带一路"倡议的社会根基。一方面传承和弘扬丝绸之路友好合作精神,广泛开展文化交流、学术往来、人才交流合作、媒体合作、青年和妇女交往、志愿者服务等,为深化双多边合作奠定坚实的民意基础。另一方面要以基础性、支撑性、引领性三方面举措为建议框架,开展三方面重点合作,对接沿线各国意愿。同时,《愿景与行动》还强调加大西部地区对外开放态势,指出中国将充分发挥国内西部地区比较优势,实行更加积极主动的开放战略。"一带一路"倡议的实施无疑表现出地区国家和人民在多领域合作方面的强烈愿望。作为"一带一路"沿线的重要节点,西南地区同丝绸之路沿线国家间的教育交流与合作迎来了前所未有的合作窗口,同时也为各国高等教育领域合作提供了新的历史机遇。

据不完全统计,近十年来,我国西南地区各省市区不断加大开展国际多领域合作,如图 5-1 所示,我国西南地区与"一带一路"沿线国家开展了经济、教育、文化等多领域、多方面、多层次的合作,但数据显示,这些合作的次数与模式相较于沿海等发达地区仍然存在巨大差距,尤其是教育领域方面的合作,占比不足 10%,未能突出西南地区的地理位置优势和教育资源优势。为此,我国应把握机遇,实行开放战略,推动多边合作,促进和提升高等教育国际化的质量和水平。

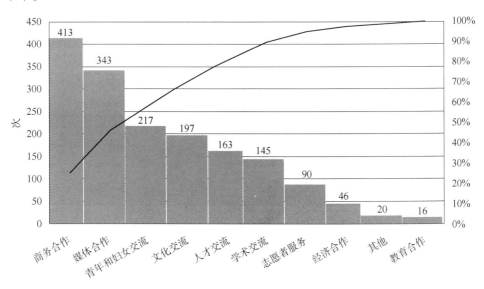

图 5-1　中国西南地区 2010—2020 年国际交流活动统计

资料来源:政府部门网站;作者整理

一、加速西南地区高等教育国际化进程

中国—东盟自由贸易区的建立对于西南地区高等教育的改革具有一定的推动和促进作用,西南地区高等教育的国际化进程也得到了推进。"一带一路"倡议的提出和不断实施,对于西南地区来说,有利于其高等教育继续良性发展。经

济、科技都在不断的发展中，发展速度也很快，当下，在全球范围内，高等教育的发展也必然向着国际化方向前进。在过去的很长一段时间内，我国的西南地区受到地理位置等方面的限制，交通不发达，经济、信息的发展也比较落后，因此，其高等教育的发展水平也比较落后。中国—东盟自由贸易区启动建设以来，西南地区因为地处中国与南亚、东南亚的交接之处，战略地位十分重要。所以，对于西南地区来说，"一带一路"倡议的提出和不断实施为其进一步发展，特别是高等教育向着国际化方向发展提供了很好的机遇。

（一）进一步促使西南地区高等教育改革

对外开放使西南地区的高等教育国际化进程得到进一步推动。当下，世界高等教育都在向着国际化方向发展，全球的各个国家对此都非常重视，积极寻求和其他国家之间的教育合作，并对自身的高等教育国际化发展水平进行提升，进而在全球竞争中，让自己处于优势地位。西南地区的地理位置十分特殊，很长一段时间交通都不发达，经济、信息比较落后，进而导致其高等教育的发展也比较落后，国际化发展水平也很低。

CAFTA建设启动以来，西南地区连接中国和南亚、东南亚地区的咽喉锁钥位置得到确认，其战略地位得到提升。因此，自贸区的建设必将促进西南地区与东盟国家间的经贸合作，双方高等教育交流与合作也将随之得到进一步扩大[47]。建设CAFTA需要一些复合型人才，他们要能够熟练掌握和应用双边语言，同时，对于中国以及东盟各个国家的风土人情都要十分了解，还要通晓国际规则。这就要求，西南地区要和东盟各国积极开展教育合作，对中国—东盟人才进行培养，比如可以借助师生交流、合作办学等形式。与此同时，在一些东盟国家中，很多大学都具有相当高程度的国际化水平，比如新加坡、马来西亚、泰国等国的部分大学，而这也对西南地区的高等教育发展提出了更高的要求，他们要积极奉行对外开放政策，和东盟各国积极进行合作、交流，充分利用这些优质的国际教育资源。

（二）有利于促进西南高等教育特色发展

在很长一段时期内，西南高校的发展和当地的经济发展实际情况是不相符的，特别是关于学科门类的结构设置和西南地区的产业结构表现出极大的不协调性，对于西南地区高校的办学质量和水平来说产生了很大的限制和影响。随着"一带一路"倡议的提出和不断实施，不论是在政治、经济方面，还是在文化、技术甚至旅游方面[48]，西南地区和东盟各国的交流都越来越频繁，随之而来的就是对人才需求的增长。尤其是那些精通东盟各国通用语言，对西南地区的风土人情较为了解，同时又对国际贸易规则非常熟悉，对相关的法律法规以及各项金融知识（包括国际经济贸易合作知识、国际投资知识、国际金融知识等）等都能够熟练掌握的高级复合型人才，需求量会大幅上涨。这也对西南地区的高校提出了更高的要求，各个高校必须对市场需求及时进行调整——要从各个方面来考虑，比如专业课程的设置、培养目标的制定、师资的配置等，更好地对学生进行培养，使其未来能够更好地服务于社会市场经济的建设，对于毕业生离开学校进入社会后适应市场经济的能力进行充分的考虑，立足于此制订、调整教学计划，最终使高校的办学水平得到不断的提升。

为了对"一带一路"倡议实施所需的各种人才进行培养，西南地区的各个高校以经济社会发展的实际需求为出发点，找准定位，对此进行科学规划，突出各方面的优势，力争办出特色。对于西南地区的各个高校来说，要结合当地的实际情况，转变教育观念，同时和当地的经济发展需求相适应，尽可能地发挥长处，对人才培养的结构和层次进行调整。要想持续培养出特色人才，必须让高校形成自己的办学特色，也只有这样，才能对东盟各国的学生产生更大的吸引力，让他们愿意主动来华留学，才能在激烈的竞争中更具竞争力，和更多的东盟高校进行合作办学，或者主动走出国门进行办学，始终保持旺盛的生命力。

（三）有利于促进西南地区高等教育优化布局

我国西南地区有很多的高校，相对来说分布比较集中，在很长一段时间内，发展都是不平衡的。当下，重庆和四川是我国西南地区高等教育优势资源最为集中的两个区域。我国西南地区共有352所高校，其中185所都位于四川和重庆两个区域，占西南地区所有高校的53%。近年来，中国和周边国家之间不断建立合作机制，包括中国—东盟自由贸易区、澜沧江—湄公河区域合作，广西南宁被确认为中国—东盟贸易博览会的永久性会址，等等。这些机制的设立对于西南地区，尤其是云南、贵州、广西等地区的经济实力提升具有极大的推动作用，对于这些地区高等教育的发展十分有利，能够对办学水平进行极大的提升。与之对应的，随着各个省份经济发展布局的改变，我国西南地区高等教育的布局也会相应进行调整。未来，西南地区的高等教育布局将会越来越合理，进而能够更好地服务于当地经济的发展。

（四）有利于增加西南地区高校毕业生的就业机会

随着"一带一路"倡议的提出和不断实施，高校学生开始有更多机会进行历练，比如，有很多广西高校的学生都参与到南宁中国—东盟博览会中，同时，西南高校的毕业生就业岗位也更多、更丰富了。正式启动建立中国—东盟自由贸易区之后，在旅游、双边贸易等相关的服务行业中，西南地区和东盟各国的联系更加密切，增速很快，对于各个行业的人才需求也有了极大的提升，比如金融人才、会展方面的人才、餐饮人才、法律人才、导游、物流人才等。从地理位置上来看，西南地区和东盟各个国家的地缘位置接近，使用的语言比较相近，在一些风俗习惯方面也比较相似，和其他地区的学生相比，大部分用人单位对于本地区的学生都会更加青睐。所以，"一带一路"倡议的提出和不断实施对于西南地区的高校学生来说，意味着他们有了更多就业机会。

二、"一带一路"倡议促进西南地区与东盟国家的教育发展

从"一带一路"方面来说，东盟各国都处于相关沿线地带，在"一带一路"的建设过程中，也是具有最好对接条件的相关国家，未来，关于"一带一路"所带来的实惠，他们也将是最先感受到的。东盟各个国家对此都有了清晰的认识，对于"一带一路"的倡议，他们也都在积极地进行支持和响应。

（一）为中国—东盟自贸区带来新机遇

中国—东盟自由贸易区经过数年规划，于2010年全面建成并投入使用。自贸区的投入运行标志着中国—东盟的贸易互信达到了前所未有的新高度。双方90%以上的自贸区商品贸易实现了零关税的重要突破，贸易总量和潜力得到有效发掘。截至2016年，自贸区贸易总额已经达到4 522亿美元，中国已经跻身东盟国家最重要的贸易伙伴行列，东盟亦发展成为中国第三大贸易伙伴。

同年9月，在老挝并期举行的第28、29届东盟峰会通过了《东盟互联互通总体规划2025》，该规划有针对性地就自贸区在基础设施建设、数字创新、物流等方面的下一步发展做出了规划，确保东盟地区的竞争力持续提升。在总体布局方面，东盟各国同意至少在基础设施建设方面注资1 100亿美元，以保证自贸区建设所涉及的公路、港口、通信设备等各类软硬件设施在未来能够发挥更大作用。

截至2018年年底，中国企业累计在东盟国家签订的基础设施建设工程合同额达到2 962.7亿美元。其中包括一大批公路、铁路、港口、航空、电力、桥梁等项目在建。"一带一路"倡议从2010年提出以来，所取得的成就有目共睹，倡议中的各阶段性目标逐步得到落实，与此同时"中国—东盟自由贸易区"的规划和推进亦取得了令人满意的进展。两者在共建人类命运共同体的宏伟道路上形成了深度互补，自贸区的建设可以成为"一带一路"倡议的积极尝试，而自贸区建设也必将能够凭着"一带一路"倡议的顶层规划行稳致远。

(二) 进一步深化西南地区与东盟国家人文交流合作

中国和东盟的双边合作之所以能够持续得到推进，密切的人文交流是十分重要的一个民意基础。要想使中国和东盟各国之间实现民心相通、民意互通，对人文交流合作进行深化是一项十分重要的举措。近年来，中国与东盟各国的教育往来愈加密切，截至2016年，双方互派留学生逾20万人，其中来华东盟各国留学生约8万人。仅以广西为例，近200所东盟各国所属高校与广西高校建立了合作关系。毋庸置疑，教育交流对经济发展具有积极作用，中国及东盟各国经过历年以来的积极努力，在民心共通的基础上极大推进了教育领域的合作，这将给未来自贸区的发展提供人才方面的便利。"一带一路"倡议的提出符合当下的社会价值观，也是和未来社会发展相符的。"一带一路"致力于将一切积极的因素联合起来，不拘泥于旧有经验，大胆创新，共同应对未来合作过程中遇到的各种困难。"一带一路"并非一日之功，其涉及的文化是生动活泼的，它将地理上的局限打破，通过交流合作、互联互通，对人类文化的重塑和革新进行推动。对于东盟国家和中国来说，"一带一路"给我们带来了强劲的需求，也必然带动双方进行更加深入的人文交流，促进双方的合作。

日前，"一带一路"亚洲孔子学院联席会议在泰国曼谷召开，77所来自30个"一带一路"沿线的亚洲国家的孔子学院出席了该会议。在会议期间，海上丝路孔子学院和泰中罗勇工业园开发有限公司共同签署了关于战略合作的伙伴协议。这也是孔子学院为了对"一带一路"倡议进行响应而做出的一种全新尝试，目的就是帮助泰国东部更好地建设经济走廊。按照伙伴协议，海上丝路孔子学院除了要为工业园区内的泰籍员工以及其他外籍人士提供必要的汉语培训之外，对于中泰之间的文化交流活动也会积极推动开展。除此之外，海上丝路孔子学院还将为来自中泰双方的学生提供相应的实习机会、实践机会以及就业机会，对中国和泰国之间的教育、经济贸易、文化合作等进行促进。而这也体现出了"一带一路"建设对于中国和沿线各国在人文交流方面的带动作用。

三、"一带一路"倡议为东盟孔子学院发展带来的新机遇

(一) 东盟孔子学院发展现状

自2006年成立第一所孔子学院以来，孔子学院在东盟各国纷纷建立，既加快了汉语的传播，也促进了文化的推广，让当地的教育体系在短时间内就接纳了孔子学院的语言教学，认可了中国文化。

从表5-1可知，泰国有27所孔子学院和18所孔子课堂，数量最多，这说明

孔子学院在泰国发展得比较好。"本土化汉语教师培训基地"就是曼松德昭帕亚皇家师范大学孔子学院和泰国教育部合办的,"泰国本土汉语教师长期培训"模式就诞生自这里,负责的项目多来自泰国教育部,构建的本土汉语教师培训体系呈现出了不同的角度。"孔子新汉学"项目就是由皇太后大学孔子学院促成并跟进的,他们下沉到社区,联合政府、企业和社会组织为当地居民提供相关的服务。清迈大学孔子学院将工作的重心放在了汉语专业课上,这对人文学院中文系是一种大力支持,严格落实"汉语教学进社区",让汉语课程充满鲜明的特色,保证各个层次学习对象的需求都能得到满足。旅游商贸汉语特色课程就是宋卡王子大学普吉孔子学院为了走进大学和社区而开设的,开设"旅游汉语""商务汉语"等相关课程。在学生数量方面,泰国孔子学院是东盟学生注册数量最多的,例如川登喜大学素攀孔子学院在2015年就有21 721名学生,孔敬大学有12 403名学生,开设的班级多达412个。

表5-1　2022年东盟各国孔子学院及孔子课堂数量

类别	泰国	印尼	菲律宾	马来西亚	新加坡	柬埔寨	老挝	越南	缅甸	文莱
孔子学院数量	27	8	5	6	3	3	2	1	0	0
孔子课堂数量	18	2	3	0	2	3	0	0	3	0

数据来源:孔子学院总部/国家汉办2015年"第十届全球孔子学院大会交流材料"亚洲卷

印尼的孔子学院和孔子学堂数量在东盟各国中排第二,分别为8所和2所。阿拉扎大学孔子学院开设的课程包括阿拉扎职工汉语课、汉语听说课和写作课,这也让其有了明显的优势,而且已经带着鲜明的特色融入研讨会、社区中。哈山努丁大学孔子学院由南昌大学和印尼哈山努丁大学合办,是东印尼地区唯一一所孔子学院,学院以市民为主要对象开展汉语言和文化教学活动,积极为学校、社区、商界和个人提供汉语课程、学术文化及咨询等服务。丹戎布拉国立大学孔子学院2021年举办成立十周年庆典,十年来全力进行中文教学和文化推广,不仅为本校西加华文教育协调机构师资班的学生提供教学,还为本校师范教育学院汉语专业的学生提供教学,此外,地理系、经济系、社会学系和英语系的学生也要学习汉语。玛琅国立大学孔子学院从2011年开始已经培养了6批印尼汉语本科生,并且有22名中文系本科生已经完成了学业。在玛拉拿达基督教大学孔子学院的学分体系中,中文专业课程已经成为不可缺少的一部分。泗水国立大学孔子学院2021年成立10周年,10年来积极开展国际中文教育,举办各类文化活动,为印尼东爪哇汉语教学和汉语教师培养做出了重要贡献。

菲律宾的孔子学院和孔子学堂分别为5所和3所。亚典耀大学孔子学院是菲律宾第一所孔子学院，开设汉语教学课程，培养汉语师资力量，向菲律宾社会推广汉语学习和中国文化，开展汉语研究和当代中国研究等学术活动。布拉卡大学孔子学院是中国政府在菲律宾建设的第二家孔子学院，中方合作院校为西北大学。截至2015年年底，布拉卡大学孔子学院已有近400名"英语、汉语本科专业双学位"本科生，2016年，本专业的首届学生圆满毕业。在菲律宾总统府中也能见到红溪礼示大学孔子学院开展的汉语课堂。德拉萨大学，在这个菲律宾极具代表性的学府中也出现了亚典耀大学孔子学院开设的汉语课程身影，这里既有专业的汉语教师，还有相关的教学资料和课程。

马来西亚孔子学院为6所。马来亚大学孔子学院是马来西亚首家孔子学院，2009开设，以马来族等非华裔族群为主要教学对象，推出了"汉语+警务""汉语+法律"等特色课程，截至2019年，培养出了超过3.5万名学生，超过400人曾获得孔子学院奖学金，还举办各类学术活动，促进了中马两国间的文化交融。

新加坡的孔子学院和孔子学堂分别为3所和2所。2005年新加坡南洋理工大学孔子学院由中国国家汉语国际推广办公室（国家汉办）、山东大学和南洋理工大学共同创办，是新加坡第一所孔子学院，主要开办华文培训课程，为本地与区域的华语教学能力认证考试中心和公众人士开设中华语言与文化有关的课程，积极推动学术活动、竞赛、中国影视文化与文学活动等，在汉语教育及文化传播上发挥了重大作用。

柬埔寨的孔子学院和孔子学堂分别为3所和3所。柬埔寨皇家科学院孔子学院于2009年12月22日成立，是全球最大的孔子学院之一，目前在柬埔寨12个省市共设立23个教学点和2个汉语课堂。柬埔寨国立马德望大学孔子学院2019年由桂林电子科技大学和柬埔寨国立马德望大学共建，也是广西高校在柬埔寨成立的第一所孔子学院，在柬埔寨当地面向社会各界人士开展汉语教学、培训汉语教师，开展汉语考试和汉语教师资格认证等业务，并提供中国教育、文化、经济及社会等信息咨询服务。柬华理工大学孔子学院2021年成立，以中文教学为基础、职业教育为特色，推出"中文+职业技能"项目，专门为柬埔寨培养中文和专项技能结合的教师教学能力。

老挝有2所孔子学院，包括老挝国立大学孔子学院，其多年来每年为老挝培养2 000多名中老双语人才，自孔子学院建成以来，每年学员全部爆满，学员有政府工作人员、刚毕业的高中生、商人等，为中国文化的传播、汉语普及以及中老经贸文化往来发挥了很大的促进作用，2019年2月，经孔子学院总部和老挝教育部门批准，将其中四个教学点发展为第一批下设孔子课堂。2018年7月苏发努冯大学孔子学院由昆明理工大学与老挝苏发努冯大学合作建立，2020年该校在老挝苏发努冯大学孔子学院申报的中文本科专业正式获批。这是老挝北部地区成功设立的首个中文专业，标志着孔子学院正式进入老挝高等教育专业体系。

越南有 1 所孔子学院，即越南河内大学孔子学院，2014 年由广西师范大学与河内大学合作共建，致力于开展汉语教学、推广中华文化、深化中越友谊，截至 2019 年 11 月底，该院汉语学员人数累计达 1 772 人，近 2.9 万人次参与了该院举办的各类文化活动。

文莱和缅甸都没有开设孔子学院。但是缅甸有 3 所孔子课堂，包括福庆语言与电脑学校孔子课堂、福星语言与电脑学苑孔子课堂、东方语言与商业中心孔子课堂。福庆语言与电脑学校孔子课堂创建于 1993 年 11 月，2009 年该校与云南大学结为合作伙伴，2010 年成为云南省侨办的"云南海外文化交流中心缅甸中心"，成为缅甸首家孔子课堂，在第 11 届全球孔子学院大会上获得"2016 年先进孔子课堂"荣誉称号。截至 2020 年 1 月，福庆孔子课堂已设立 54 个教学点，教学点学员总数超过 10 000 人。福星孔子课堂 2009 年 11 月正式挂牌运营，历经多年发展，该孔子课堂已形成福星总部以及 8 个下设分课堂的发展格局，2019 年总部和分课堂注册学员总数超过 5 000 人。东方语言与商业中心孔子课堂是缅甸仰光东方语言与商业中心及中国云南师范大学合作创办的华文教育机构，2013 年成立，设有从幼儿园、小学到高中的系列汉语教程。

（二）东盟孔子学院整体特点

1. 建设发展平稳，作用效果明显

孔子学院素来作为我国对外教育的重要尝试，在中国—东盟教育交流活动中也扮演着一定的角色。自 2004 年签署《落实中国—东盟面向和平与繁荣的战略伙伴关系联合宣言的行动计划》以来，在 2008—2013 年的五年时间里，双方签订教育合作协议 386 份，超过 200 所大学、科研院所、教育机构和企业参与，这样的教育、学术交流活动不仅仅是教育领域的合作，更是中国与东盟各国人民加深理解，促进双方人文交流的重要方式。为了从更高的视角规划中国—东盟教育合作的未来发展，在 2016 年 8 月第二届中国—东盟教育部长圆桌会议上，双方教育部长级官员就进一步加强在教育领域的合作达成共同意见，通过了《关于中国—东盟教育合作行动计划支持东盟教育工作计划（2016—2020）开展的联合公报》，中方教育部长陈宝生强调中国与东盟的关系已进入"钻石 10 年"新阶段，加强教育交流合作，是打造中国—东盟关系新支柱的优先方向，是开辟中国—东盟关系新的不竭动力。

中国—东盟教育之间的沟通与合作是以孔子学院为纽带的。孔子学院在东盟经过 10 多年的发展已经取得了较好的成果，有着美好的前景，让汉语学习在东盟国家开始盛行。直到 2015 年，东盟孔子学院的学生数量达到了 292 829 人，是亚洲孔子学院总体学生数量的 56.7%。马来西亚、菲律宾和泰国又在同年新开设了 4 所孔子学院，而且其中一所是以"丝绸之路"来命名的。

2. 平台发展速度快，政府高度支持

孔子学院是中外合作方本着相互尊重、友好协商、平等互利原则设立的非营利教育机构，各个国家能够通过孔子学院充分了解中国的语言文化，增进双方的人文交流。中国领导人和中国政府大力支持创办孔子学院，而且领导人出访必不可少的一项活动就是参观孔子学院。

时任中国全国人大常委会副委员长许嘉璐2007年7月14日与新加坡内阁资政李光耀共同揭幕一座孔子铜像，这标志着南洋理工大学孔子学院的成立。柬埔寨王家研究院孔子学院是习近平主席于2009年12月22日与柬埔寨副首相兼内阁大臣索安共同完成揭牌的，这标志着中国—柬埔寨在教育合作方面得到了重大进展，加强了中柬之间的人文交流，同时也成为两国人民沟通的重要纽带，促进了双方之间的友好交流。

国家主席习近平携夫人彭丽媛女士于2013年10月3日共同访问印尼，并且与阿拉扎大学孔子学院的学员在参观"中印尼友好"图片展的过程中进行了友好沟通，肯定了学员们在中印尼友好发展中发挥的作用。中越于2014年12月29日共同建立了越南河内大学孔子学院。

孔子学院之所以能够快速发展，离不开中国与东盟国家领导人的支持，离不开合作国家提供的良好基础和发展平台。习近平主席的很多讲话内容都是关于孔子学院发展的，指出通过语言能够很好地了解一个国家，孔子学院是联系世界和中国的一条纽带，它是属于中国和全世界的，中国政府和人民会始终坚定不移地发展孔子学院。中国在设立了"一带一路"奖学金之后，每年都会将1万个奖学金名额提供给参与"一带一路"的国家，这充分带动了东盟孔子学院学员的积极性，而且一定会促进东盟孔子学院的快速发展。

3. 形成国际中文教育品牌

截至2019年，全球已有162个国家（地区）建立了550所孔子学院和1 172个中小学孔子课堂。通过2007—2016年的"先进孔子课堂""先进孔子学院"数据能够发现，东盟国家有2所孔子学院获得过3次全球"先进孔子学院"的称号，表现最佳，其中一所是泰国宋卡王子大学普吉孔子学院，另一所是柬埔寨王家学院孔子学院；获得过2次全球"先进孔子学院"称号的有4所，分别是泰国孔敬大学孔子学院、泰国朱拉隆功大学孔子学院、泰国曼松德·昭帕亚皇家师范大学孔子学院以及菲律宾红溪礼示大学孔子学院；获得过1次全球"先进孔子学院"称号的有5所，分别是马来西亚马来亚大学孔子汉语学院、印尼阿拉扎大学孔子学院、印尼玛拉拿达基督教大学孔子学院、泰国清迈大学孔子学院以及新加坡南洋理工大学孔子学院。泰国是获得"先进孔子课堂"称号最多的国家，达到了5次，其中泰国岱密中学孔子课堂和吉拉达学校孔子课堂获得

的次数最多。

自创办孔子学院以来，授予先进称号的孔子学院达到了239所，授予优秀称号的孔子课堂也有35所。东盟获得"先进孔子学院"和先进孔子课堂的比例分别占全球的7.95%和17.1%。在东盟所有的孔子学院中，唯一一所荣获全球示范孔子学院荣誉称号的是泰国孔敬大学孔子学院。

（三）东盟孔子学院发展的新机遇

随着我国经济文化的不断提升，丝绸之路沿线的其他地区及国家已经掀起了"汉语热"的文化思潮，中华文化博大精深，其他地区的民众对于中华文化产生了浓厚的兴趣，并且汉语已经成为他们获取财富的重要工具之一。

1. 助推孔子学院扎根本土

孔子学院可谓是中华文化的代表，丝绸之路沿线的众多国家均设立了孔子学院，孔子学院不仅仅传播我国的优秀文化，还吸收其他国家的先进文化，让文化实现真正意义上的融合。"一带一路"建设为我国的经济、文化发展提供了有力保障，并且为文化交流奠定了坚实的基础。

就当前形势而言，孔子学院无论是办学理念还是办学模式更倾向于国外大学，因为国外大学是孔子学院能够扎根的重要场所，尽管将其称为学院，但从办学模式、规模来看，孔子学院想扎根本土并不是一件易事。除此之外，孔子课堂的主要内容是语言、文化、考试和中文的形式，教师和学生的流动性较大，很难达到相对稳定的状态，生源也就成为孔子学院发展的重要难题之一，众多学生对此学院的认可度不高，这对孔子学院在国外的持久发展有着重要影响。

疫情发生以来国际投资领域动荡，"一带一路"沿线国际合作的价值和优势不断得到凸显，共建"一带一路"为东盟十国应对这场全球性危机提供了重要合作平台，这为孔子学院的建设与发展工作奠定了坚实的基础。

"一带一路"丝绸之路经济带的建设工作在东盟经济发展过程中扮演着十分重要的角色，我国与东盟其他国家在文化、经济、旅游等众多方面均有联系，汉语也就逐渐成为一种重要的交流工具，能够讲汉语的本土人才在市场中更具优势。汉语的地位随着沿岸经济的发展而不断提升，孔子学院的办学规模以及招生人数也在不断增加，汉语人才成为助推孔子学院扎根本土的核心力量。陈宝生以教育部部长的身份于2016年与六大省份签订了《"一带一路"教育行动国际合作备忘录》。在签订合作备忘录的过程中，陈宝生明确提出："一带一路"为我国教育行业的发展带来了新的生机，加强了国际交流，让汉语逐步走向世界是当前教育发展的核心任务。

"一带一路"无论是在教育合作，还是在国际交流中均占据重要地位，孔子学院建立的主要目的是实现上述所提到的两大重要功能。此倡议的顺利实施不仅能够带动沿岸国家经济文化的发展，还能够扩大我国优秀文化的影响力以及国际认可度。汉语作为一门国际化教育课程，在"一带一路"民意基础建设中发挥着重要意义，孔子学院应当走进大学校园、融入校园，让汉语成为一种本土语言。国际汉语教育受到了越来越多人的关注，这是沟通我国与其他沿线国家的重要桥梁，能够助推我国教育、经济、文化的共同发展。

2. 推进孔子学院专业升级

助推孔子学院扎根本土的同时，还应当推动孔子学院专业的升级。丝绸之路经济带的发展离不开各领域综合创新型人才的努力，孔子学校设立的主要目的是弘扬中华民族优秀文化，并且对沿线国家进行汉语培训，但"一带一路"发展型人才在市场中缺口较大，众多专业化课程仍处于探索阶段，唯有泰国建立了专业对口、独具特色的孔子学院。

从总体上看，孔子学院在沟通两国经济、文化交流中显得尤为重要，孔子学院之所以能够充当文化桥梁这一重要角色，是因为它并不是单向地输出中华文化，而是一个双向学习、相互交流的场所。

在"一带一路"沿线建立完成的孔子学院约有30所，国内所建立的孔子学院高达22所，这些孔子学院分布于不同的大学校园中，在语言类院校以及师范类院校中分布最为广泛，这些大学能够为孔子学院的发展提供良好的资源和强有力的技术支持，满足其办学需求。为了实现经济的可持续发展，"一带一路"建设工作应当秉承文化自信、互利互惠、尊重其他文化的原则，在政治、经济、文化等众多方面加强交流与合作，各个国家之间精诚合作，共建人类命运共同体，构建国际新秩序。

在孔子学院建设的过程中，应当综合考虑当地情况，充分发挥地区优势，合理配置资源，不断优化办学模式和办学理念，树立明确的教学方针，彰显中华文化的无限魅力，推进学院专业升级，让学校课程逐步趋于多元化、专业化，依据实际情况，具体问题具体分析，最终建设具有影响力的特色化东盟孔子学院。孔子学院的类型多种多样，可以按照不同领域将其划分为不同类型，常见的有法律、中医、企业管理、工厂管理孔子学院等。"一带一路"为孔子学院的建设提供了有力支持，为其发展奠定了坚实的基础，孔子学院的专业升级可谓是冲破了传统教育理念的束缚，拓宽了孔子学院的办学渠道。由于东盟国家的实际发展状况、经济文化存在一定的差异，不同国家对于汉语教学、中华文化的需求也有所不同，在建立孔子学院时，应当从实际出发并且合理分配教学资源，保证汉语教学活动的顺利开展。综上所述，孔子学院的教学升级对于其实现可持续发展而言显得尤为重要，这也为汉语文化扎根本土奠定了坚实的基础。

3. 充实孔子学院办学经费

除了上述所提到的文化扎根本土以及专业升级外，充实孔子学院办学经费也十分关键,经费可谓是文化发展的基石,缺乏办学经费的教育是不具备可操作性的,我国在孔子学院建设方面投入了大量的资金,但国家只能扶持其发展并为之提供启动资金,学院今后的发展还需要依靠自身的力量。国内外的孔子学院在资金投入上存在一定的差异,中外通常以1∶1的比例投入资金,但国外学院所提供的硬件设施非常有限。孔子学院若想进一步发展并扩大其办学规模,增大大学的资金投入以及政策扶持就显得尤为重要,当得到外界的支持后,孔子学院才能够更快地提升自身办学质量。

截至目前,我国政府在孔子学院建设中已经投入了大量资金,但政府只能够起到引导、扶持的运用,随着孔子学院数量的不断增多,政府的能力也十分有限,因此长期依靠政府扶持显然是不可取的。

汉语言文学逐渐成为社会的主流专业,市场对于汉语人才的需求越来越大,尤其是那些综合能力强、具有多国语言能力的创新人才就更具市场竞争力。孔子学院在弘扬中华民族优秀文化的过程中,还会为"一带一路"沿线国家进行汉语培训,促进两国之间的经济、文化交流,为今后的贸易往来、国际交流打下坚实的基础。汉语人才的培养已经引起众多高校的重视,各大组织、企业均开始了汉语人才培养计划,为了充分发挥汉语文化的优势,汉语人才需要考取汉语水平证书,汉语水平考试也就成了人们关注的重点。汉语水平考试所收取的费用可以作为孔子学院的一大重要资金来源,除此之外,此考试还能够完善汉语水平评估体系。

第二节 西南地区与东盟国家高等教育合作面临的新挑战

一、高等教育合作资源配置面临更高要求

长期以来我国西南地区经济落后,教育投入不足,经济的落后无力支持高等教育发展,同时,落后的经济也不需要较多数量的专门人才。所以目前西南高等教育总体基础薄弱,师资力量匮乏,培养的人才数量不足,整体质量不高,与东盟国家高等教育在合作类型、合作层次、合作范围上都存在着一定的局限性。"一带一路"倡议给西南地区与东盟国家高等教育合作资源配置提出了更高的要求。以下就以云南省的L、X大学为例进行阐述。

（一）L、X 大学概况

1. L 大学

L 大学属于我国教育部直属的"双一流"大学，有着百年的发展历史，从创办初期至今的各个历史阶段，始终肩负着为我国西部地区乃至全国培养专业人才，为社会提供相关服务，并开展专业科学研究的重任。这所高校在我国高等教育体系中有着重要的战略地位。学校设置了特色鲜明的学科体系，门类较为齐全，12 个主要的大学学科门类均有涉及，该校位于云南省内，有着深厚的文化底蕴，呈现出多民族文化交汇融合的地域特色。L 大学目前已经开展了广泛的对外交流与合作，包括同世界上 40 余个国家及地区的 150 多所高等院校保持着学术交流方面的紧密联系。不仅吸引国外留学生前来本校就读，组织举办各类学术会议，设立富有中国特色的孔子学院等，还积极派出优秀的教师与学生出境与合作高校开展学习交流活动，其国际影响力不断提升。这所高校是多个地区校长论坛项目的成员学校，也是丝绸之路奖学金项目、孔子学院奖学金项目学校，还是我国政府奖学金以及自主招生的学校，逐渐成为我国参与中西亚地区国际教育、加强文化交流的重要桥梁。作为新丝绸之路大学联盟以及上海合作组织大学成员，L 大学同我国、俄罗斯、韩国等国家的 46 所高校共同发起成立了"一带一路"高校战略联盟。我国提出了"一带一路"倡议之后，L 大学以此为依托，充分发挥自身的学科优势，积极开展国际化教育的交流与合作，积极传播优秀科研成果，在人文学科建设方面投入更多力量。还加强与国外高校的联系，合作开办了三所孔子学院，设立了以本校名字命名的孔子学院奖学金，由学校组织设立了汉语水平考试的网络考试考点，派出大量教师并组织志愿者前往世界各地的大中学校以及孔子学院传播中国文化，开设汉语教育课程。2014 年，L 大学设立了丝绸之路经济带研究中心，这是新型的、专业化的智库，旨在深入研究和了解"一带一路"周边沿线国家。学校于 2009 年设立了留学生工作办公室，于 2012 年设立了孔子学院工作室，极大地调动了各学校与国际教育同行开展合作的积极性，对与他国教育机构开展交流活动的管理进行了规范。2015 年，该校以自己成立的孔子学院为平台，积极拓展本校与所在国合作办学的功能，教育国际化的步伐进一步加快。

L 大学的留学生教育始于 1983 年。至今已经培养了数千名来自将近 50 个国家的留学生，当前，L 大学的留学生规模也比较庞大，现就读于该校的留学生有 500 余名。学生也不再局限于初期的汉语进修，而是出现了一批接受硕士、博士研究生教育的留学生。目前，留学生在该校学习汉语也有了专门的办学实体——国际文化交流学院，该院还担负着管理孔子学院、开展 L 大学留学生教育、对外合作办学、建设丝绸之路经济带发展"智库"等与国际化办学相关的任务。该院有着丰富的汉语教学经验，现有专职和兼职教师32人，其中有5名教授及副教授、24名讲师、3名助教。2002年孔子学院成立伊始，与学校外事处实行合署办公，到了2008年，L大学拥有了自主招收留学生的授权，当年，单独设立国际文化交流学院。

2. X大学

X大学是一所由教育部与云南省人民政府共建共管的大学，是一所区内有名的重点建设大学，也是十四所由国家给予重点支持的西部大学之一。该校在1982年获批博士学位授予权，至此该校已拥有学士、硕士、博士三级学位授予权。1983年起，X大学开始招收留学生，该校现在已是云南省新设的HSK（国家对外汉语考试）考点，进入该校的留学生可获得中国政府提供的奖学金以及国家汉办奖学金。开设了国际事务与国际关系、汉语国际教育等本科和硕士教育专业，所培养的本科、硕士、博士专业的留学生来自世界40多个国家，还完成了1 300多人次的语言进修培训，目前不同教育层次的在校留学生有270余人。X大学在长期的留学生教育实践中积累了丰富的经验，教师队伍建设也日趋完善，形成了具备较高的教学水平、丰富的教学经验的专业师资队伍，在开展留学生教育中，该教师队伍能够用包括东盟主要国的多种语言开展教学活动。学校还向境外高校和教育机构派出30余人次开展汉语教学以及教育机构的建设与管理工作。X大学还单独设立了留学生专用教学区以及独立的留学生公寓，留学生的学习生活条件有了极大改善。X大学在办学和管理过程中，始终将办学质量放在第一位，坚定不移地贯彻人才立校、强校的方针政策，并在突出自身办学特色的前提下，适时制定和调整办学的总体战略，彰显自身优势，为云南的发展很好地提供了人才、科研成果、理论研究和科技发展等方面的支持。

（二）L、X大学与东盟国家高等教育合作面临的资源配置问题

1. 地方教育支持系统欠缺，专业性师资匮乏

作为云南省的重点大学，L大学在政策以及财政方面享有来自政府的大力支持。近年来，我国颁布并开始实施《中西部高等教育振兴计划》，在高等教育投入方面给予西部地区大力支持，云南省的高校也获得了国家在财政方面的重点支持。但是，目前存在的主要问题是，虽然云南因为得到了国家财政的大力扶持，推动了与周边国家的合作进程，但是在合作过程中也出现了诸多问题，与东盟各国开展的合作并未达到预期的效果。云南的高校地处西部，地方经济状况无法与发达地区相比，地方财政仍然较为困难，地方政府对于高校的财政投入还十分有限，使得学校的区域影响力难以在短时间内形成。

而且在开展教学的过程中，任课教师同留学生之间在语言方面仍然存在着沟

通困难的情况，而且在文化上也存在着一定的差异性，个别教师的专业能力以及知识储备还未能达到相应的开展国际教育教学的要求，无法对留学生开展有效的专业指导。L大学是云南省的重点院校，尚且存在缺乏专业师资力量的情况，其他非重点院校的相关问题更加突出。由此可以断定，云南省在与东盟开展教育合作的过程中，师资力量不足的短板必然存在，难以向合作方及留学生提供专业的智力供给，合作进程缺乏有效的后续保障。因此，目前的重点工作是要加强云南省高校国际教学方面的师资建设，全力解决这一阻碍教育合作的突出问题。师资水平的高低关系着留学生群体是否能及时适应学习生活，更好地适应中国文化，获得较好的就读体验，并且也关系着中国对外教育开展规模的大小以及教学质量的高低。目前由于师资的缺乏，云南高校留学生与教师队伍的比例失衡，教学质量难以得到有效提升，这对高等教育合作质量的提升以及规模的扩大都产生了不利影响。

云南省特殊的地缘因素也影响到了地区经济以及教育事业的快速发展，教育系统的自我发展能力也因此受到了限制，继而导致了人才流失的不良后果，当地高等院校缺乏智力和人才方面的保障与支持。近些年这种趋势愈发明显，不仅引进外来优秀人才的过程困难重重，而且本地接受过高等教育的很多人才也为了拓展自身发展空间，转而投身一线城市和东部发达地区去求职创业。这样更加剧了云南省优秀人才缺失的困局，地方高校优质师资的储备难以为继。

2. 校际交流协议落实不到位，合作流于形式化

近年来，我国政府提出了"一带一路"的伟大构想，云南省各高校响应国家号召，积极拓展与东盟开展合作与交流的渠道，在学者互访、项目合作、学术交流等方面寻求多种合作方式。但目前的问题是，大多数项目仍然止步于协议的签订，而未能进入深层次的实际合作阶段。原因在于大部分高校及国人认为，目前东盟地区的高等教育还较为落后，与其开展合作无法在短期内获得良好的效果，达成预期的目标。

不可否认，高等教育国际化并非单方行为，而是一种双向自愿选择的结果，中国的高校要积极走出去，拓宽与东盟国家高校的合作范围和渠道，完善留学机制，让更多的东盟学生来中国求学与交流。

二、高等教育合作运行体系面临新的挑战

（一）对高等教育合作管理体制提出了挑战

跨国高等教育质量评估，是由参与高等教育合作办学的国家共同对双方所拥

有的高等教育质量进行评价，评价涉及的内容包括课程体系是否合理、考核机制是否完善、办学条件是否具备、师资水平是否过关、教育质量能否保证等，此评价需要在客观、有效以及公平的基础上进行。高等教育不断向着国际化方向发展的现实要求建立起相应的评估体系来对跨国高等教育质量做出较为准确的评价。高等教育要素的流动会受到教育质量的制约，这一点毋庸置疑。东盟各国因发展基础不同，高等教育也表现出不同的发展程度，但是目前尚未建立起统一的标准。鉴于各国教育质量和水平参差不齐，为了在高等教育合作中保证教育质量，就需要建立起统一的评价体系。联合办学是西南地区与东盟各国开展教育合作与交流的主要内容，但目前双方联合办学过程中存在着一些问题，主要表现在：教育层次不高，名校屈指可数，专业涉及面窄，教学质量偏低。

越南、泰国是西南地区高校联合办学的主要国家，而且组织办学的大多是二、三流的高校，教育层次主要是大专和本科，教育质量难以保证。西南地区的高校与东盟各国的高校有着完全不同的发展历程，教育水平各不相同，也未建立起学分的转换机制，留学生管理制度尚不完善。一些留学生在交换生项目的参与过程中，需要在不同的学校间进行各种环境的适应与调整，而且在学分转换以及学历学分互认等方面遇到了重重困难。这些问题不解决，教育质量就无从保证。留学生原毕业学校同现留学学校鲜有教学方面的合作，人员交流也少之又少，教育经费难以足额到位，有些又存在使用不当的情况，各校间未建立起统一的、公认的教育质量评价标准，对学生的考核要求也不尽相同。在教学过程中也未能建立起监督评估体系，人才培养缺乏可操作性的监控机制，使得教育质量难以保证，无法达到各方对人才培养的期望。与东部发达地区相比，西南地区，特别是边疆省份的高校发展基础薄弱，无论是在教育理念的树立、学校声誉度的创立、教师队伍的培养、教育资金的投入，还是在基础设施建设方面，都有明显的差距。为了扩大留学生的入学规模，西南地区的一些高校降低了留学生的准入门槛，这就导致了留学生教育质量难以保证的情况。因此，现阶段亟须解决如何推进西南地区高校留学生教育制度改革的问题，既能保证生源的质量，也能维持留学生规模的有序扩大。

（二）对高等教育合作运行方式提出了挑战

人员和其他教育资源的跨境流动是区域高等教育合作中最基本也是最主要的表现形式，这也是实现合作的前提之一[49]。人员流动有着多种多样的形式，比如组织学术活动、学者间的交流、学生的交换、文化活动的举办等。人员流动有两种方式，一是物理空间上的人员流动，也就是学习主体的学习活动转移到他国；二是各种学习要素的转移和流动，随着网络信息技术的快速发展，具备了通过远程、线上开展虚拟教学的基础条件，学习主体可以通过虚拟技术，远程接受线上教育，在本国就可以开展学习活动。教育条件以及学习资源决定了留学生选择什么样的流动方式。西南地区各高校以及东盟国家的高校有着各自优质的资源，吸引着双方的留学生出国接受教育，实现了高等教育资源的国际共享，这也对教育信息的公开、透明、有效提出了新的要求。

西南地区在我国，东盟国家在世界范围内都属于发展中地区和国家，在资金和技术上受到种种限制，数字化鸿沟阻碍了高等教育的快速发展。信息是否畅通直接影响着西南地区与东盟各国之间人员的流动是否顺畅。因为各国在综合实力方面存在着较大差异，这导致了信息化建设程度不同，双方未能建立起信息共享的平台，也未能构建起有效的协调机制。尽管我国西南地区已经建立了与东盟的教育信息网，但是平台并不完善，存储的信息量极为有限，只具备宣传的功能，而无法在实际的教育合作与交流中发挥应有的作用。而留学生在选择留学院校时，首先要了解相关学校的具体信息，包括师资力量、课程设置情况、学校实力排名、奖学金设置条件等，如果未能做好信息的整合，就为留学生提供有效的信息，必然会影响到其对学校的选择。从另一个层面来看，研究人员在寻找可供合作的学术伙伴时，也无法获取更多的项目信息，很多信息陈旧过时，无法做到实时更新，因此，亟须建立起一个较为完善的平台，汇集强大的数据库，从而为高等教育国际合作的开展提供翔实、可靠、实时、全面的信息，并向用户提供有效的服务。另外，还有一个重要因素会影响到国家和地区间留学生的流动，那就是对生源的竞争。在东盟十国中，教育最为发达的国家是新加坡，相对发达的为马来西亚、泰国和菲律宾。亚洲地区教育比较发达的有韩国和日本。这些国家对留学生有着较大的吸引力，并且欧美一些发达国家凭借发达的高等教育以及优质的教育资源，也吸引了大量东盟国家的留学生，特别是相对发达国家的留学生。

近年来虽然西南地区与东盟间互派的留学生数量有了明显增加，但是留学生来源的地区结构仍然不合理，绝大部分来西南地区留学的学生生源地主要是东盟一些教育经济相对落后的国家和地区，来自东盟教育经济较发达的国家和地区的学生在整个留学生中的比重过低。可以看出，经济实力依然是决定留学生流动方向的重要因素。目前在西南地区高校就读的留学生以及参加合作办学项目的外国学生，绝大部分是东盟国家中产阶层以上家庭的学生，文化基础较差，学习能力不强，生源结构也呈现出单一性的特点。

二、高等教育合作经费投入面临新的压力

（一）高等教育资金不足

教育是一项长期的、系统化的工程，不能盲目追求短平快的效果，因此，要

持续不断地对高等教育进行投入，跨国高等教育也是这样。留学生出国求学需要以大量的资金作为支撑，经费是保证留学正常进行的基础，因此经费是否充足影响着留学活动的开展，也决定着留学生的规模、数量。国际教育合作较为活跃的欧盟在这方面就有着自己的优势，该地区的高校建立了完善的奖学金管理制度，这些奖学金有的来自政府，有的来自学校，还有的来自社会团体的资助，学生可以申请奖学金来补助自己的学习与生活，这种制度吸引了大量的国际留学生前往欧盟的高校求学，留学生的规模得到了很好的保证。我国西南地区以及东盟各国的留学生在学习期间也需要不少学费、生活费，虽然高校可以免除一部分或全部学费，但是其他生活及学习的开支仍然会困扰家庭条件有限的留学生。由于中国与东盟国家的高校都存在奖学金不足的问题，这也在很大程度上影响了留学生选择双方高校求学的积极性。目前虽然中国—东盟的高校间设立了公费生互换项目，但只有几所大学参与其中，并且能够提供奖学金的特别基金屈指可数。目前东南亚国家中只有新加坡等几个国家拥有较为先进的教育体制，教育经费较为充足，其余国家都不同程度地存在教育资金不足的问题。

（二）留学费用的限制

尽管现阶段西南地区以及东盟各国的教育机构都在努力争取本国政府对于留学生奖学金方面的投入，希望减轻留学生的负担，但是双方在高等教育合作方面的资金投入依然不足。近年来，在中国和东盟国家的努力下，人才国际化培训工程有了一定的发展成效，但是若想建立起更高效的合作机制，集中优质教育资源，打造区域高校联合群，扩大留学生培养规模，提升教育质量，构建高等教育的多元化模式，为发展国际贸易和地区经济培养更多专业化人才，做大、做强国际教育合作平台，有实力参与更大范围的国际竞争，那么，还有着十分巨大的资金缺口。下面以广西高校留学生为例，就教育经费问题做一些分析。

1. 影响东盟留学生来广西学习的因素

（1）来广西留学的主要原因。

通过对留学生"来广西留学的考虑因素"的调查分析，可以看出，原因多种多样，其中影响由大到小主要有地缘因素、生活环境与文化因素、办学质量因素、汉语学习等，这些因素成为学生选择来广西留学最主要的考虑因素。在地缘上，因为广西离东盟国家较近，留学生在文化方面有着认同感，能够较快适应在广西的留学生活。一些越南的留学生认为从本国到广西有着便利的交通，距离较近，因此该省的高校成为他们留学的首选。另外对于东盟学生来说，学费支出不高也是其选择到广西高校留学的主要原因，具体如表5-2所示。

表 5-2　选择来广西留学的原因

类别	频数/人	百分比/%
广西高校的办学质量	81	41.1
广西生活环境、文化与本国相似	90	45.7
广西生活成本较中国其他省市要低	56	28.4
广西离自己国家近	95	48.2
学习汉语	84	42.6

与发达国家以及中国发达地区相比，广西高校的留学费用较低，而且与东盟国家在地缘上更接近，这也成为降低留学生教育成本的一个有利因素，留学生可以投入较少的费用，获得较高的学习收益。正是基于以上原因，一些东盟国家的留学生会选择到广西的高校就读。随着全球化进程的加快，中国同东盟国家间的贸易往来日益密切，因此为了学习汉语，为未来投身职场做好准备，东盟国家的不少留学生会选择到广西的高校求学。其原因是东盟国家对于掌握汉语的人才需求越来越多，当下既具备专业知识，又掌握汉语的人才在东盟国家具有明显的竞争优势。

每年举办一次的"中国—东盟博览会"已经落户南宁，为东盟各国深入了解广西文化提供了便利的平台，南宁以及广西在整个东盟的影响力也越来越大，对于东盟各国人才的吸引力也在逐年提升。

但是因为参与此次调查的留学生主要来自东盟欠发达国家，调查问卷的发放对象具有一定的局限性，因此该结论不具备普适性，不能完全反映所有东盟国家学生选择来广西留学的所有考虑因素。而且通过了解得知，一些来自泰国、老挝以及越南的留学生，有不少是得到了政府的公费资助，因此这些国家与广西的教育交流与合作开展得较为顺畅。除了得到政府资助的公费留学生以外，来自东盟普通家庭的留学生必然会将留学成本和回报作为留学选择的一个重要因素。而对于来自东盟发达国家和地区的留学生而言，由于留学的家庭经济负担不大，他们选择留学目的地时更多地考虑留学带来的回报和收益，因此留学成本以及较近的地缘优势并不一定会成为其选择西南高校的主要因素。可以看出，东盟不同国家的留学生情况差异较大，因此留学生的生源也不均衡。

（2）留学信息获取的主要渠道。

此调查主要针对的是来自东盟的留学生，旨在掌握来自东盟的留学生如何获取相关的留学信息，以明确成本主体所承担的主要责任，确定更有效的、具有针对性的留学教育宣传渠道和模式。调查结果显示，经朋友介绍了解到广西留学教育信息的比例占到了41.9%，这说明广西相关部门在留学教育宣传方面的工作还十分欠缺，还需进一步努力扩大广西留学教育的影响力。广西大学留学信息渠道如表5-3所示。

表5-3　广西大学留学信息渠道

类别	频数/人	频率/%
广西教育发展	12	6.4
互联网、报纸等媒体	54	26.6
朋友介绍	85	41.9
留学中介	24	11.8
其他	27	13.3

（3）毕业去向。

关于"毕业去向"这一问题，留学生的选择大部分集中在了"回国"这一选项上，共113人，其有效百分比为60.5%。除此之外，选择"继续留在广西学习"的有21人，有效百分比为11.2%，选择"留在广西工作"的有23人，有效百分比为12.3%，选择"到中国其他地区"的有18人，有效百分比为9.6%，选择"到别的国家"的有12人，有效百分比为6.4%，可以看出，在广西留学毕业后，大部分人选择回国，仅有1/4的留学生选择继续留在广西学习或者工作。这说明凭借着广西在全国乃至世界的教育水平和地位，尚无法吸引留学生毕业后留下为广西服务[50]。留学生毕业去向如表5-4所示。

表5-4　留学生毕业去向

类别	频数/人	百分比/%	有效百分比/%	累积百分比/%
有效继续留在广西学习	21	10.6	11.2	11.2
留在广西工作	23	11.7	12.3	23.5
到中国其他地区	18	9.1	9.6	33.1
到别的国家	12	6.1	6.4	39.5
回国	113	57.4	60.5	100.0
合计	187	94.9	100.0	
系统	10	5.1		

2. 东盟来华留学生留学成本

由问卷调查结果统计数据可知，广西四所高校中东盟学生在广西留学期间的学习生活花费等日常开支情况如下：根据表5-5可以算出，样本中的留学生平均每人每年日常开支（书报费、伙食费、旅游费、娱乐费均值总和）为：（380.26+1 046.08+342.69）×12+1 738.85=22 967.21（元）。留学生对日常开支合理度的评价如表5-6所示。根据广西四所高校的学费、住宿费、保险费、日常开支四方面费用之和，可粗略估算出东盟来华留学生每年在广西的留学成本，如表5-7所示。

表5-5 日常开支描述统计量（单位：元）

费用	N	全距	极小值	极大值	均值	标准差	方差
书报费（人/月）	156	1 950	50	2 000	380.26	408.738	167 067.031
伙食费（人/月）	189	2 800	200	3 000	1 046.08	511.432	261 562.248
旅游费（人/年）	139	7 800	200	8 000	1 738.85	1 441.342	2 077 465.332
娱乐费（人/月）	145	2 480	20	2 500	342.69	337.905	114 179.521
有效的N列表状态	97						

资料来源：袁薇. 广西东盟来华留学生教育成本结构分析［D］. 南宁：广西大学，2013

表5-6 留学生对日常开支合理度的评价

	项目	频数/人	百分比/%	有效百分比/%	累积百分比/%
有效	很高	18	9.1	10.1	10.1
	较高	35	17.8	19.7	30.8
	合理	66	33.5	37.1	67.9
	较低	47	23.8	26.4	93.4
	很低	12	6.1	6.7	100
	合计	178	90.3	100.0	
缺失	系统	11	5.6		
合计		197	100.0	100.0	

资料来源：袁薇. 广西东盟来华留学生教育成本结构分析［D］. 南宁：广西大学，2013

从表5-6可以看出，留学生中认为留学花费很高的有18人，占9.1%（尤其是医科大学的留学生，学费较其他3所高校略高）；认为较高的有35人，占17.8%；认为合理的有66人，占33.5%；认为较低的有47人，占23.8%；认为很低的有12人，占6.1%。

表 5-7 四所高校东盟自费留学本科生留学成本（单位：元/年）

学校	学费	住宿费	保险费	日常开支	合计
广西大学	文科：11 160 自然学科：15 500	6 700~16 740	100~600	22 967	40 927~55 807
广西民族大学	文科类：12 000 理科类：15 000 艺术类：18 000	2 500~13 500	500	22 967	37 967~54 967
广西师范大学	文科：14 000 理科：16 000 体育、艺术：21 000	1 500~5 000	100~600	22 967	39 967~53 967
广西医科大学	英语授课：41 600	4 100~8 200	600	22 967	52 067~72 767

3. 东盟来华留学生学习生活情况分析

（1）生活条件。

据调查，留学生中对住宿条件基本满意的占比为 26.4%，共计 48 人，不满意的占比为 13.7%，共有 25 人，认为一般的占比为 59.9%，共计 109 人。在访谈的过程中了解到，东盟留学生中通常家庭经济条件较好的学生会选择更好的公寓，因此住宿条件大多能够被认可，但家庭经济条件一般或较差的留学生通常选择的是较差的公寓，因此对住宿条件的满意度也相应降低。有些留学生因为住宿需要得不到满足，只能在校外自行租房居住。

（2）奖学金。

在针对留学资金来源的调查中发现，东盟留学生中有 17.8% 属于政府公派，有 14.7% 的留学生通过申请中国政府优秀奖学金以及全额奖学金来完成学业。由此可见，东盟一些国家的政府给予了来广西留学的学生以大力支持，对留学生教育给予了高度重视，这些国家的政府希望通过促进留学教育来加强与中国在文化教育方面的合作和交流。留学生教育成本来源如表 5-8 所示。

表 5-8 留学生教育成本来源

类别	频数/人	百分比/%
母国政府公派	35	17.8
中国政府全额奖学金	18	9.1

续表

类别	频数/人	百分比/%
中国政府优秀奖学金	11	5.6
自费	133	67.5
合计	197	100.0

(3) 学习交流。

在校际交流方面表现最为突出的是广西师范大学，其次是广西民族大学，这两所高校的校际交流生占广西高校留学生数量的比例较高，而广西医科大学以及广西大学的国际交流生则占比较低。很多学生希望自己的学校能够加强与东盟国家高校的联系，增加校际学习交流机会。

(4) 兼职状况。

在接受调查的留学生中，选择边学习边兼职的占比为13.7%，共计27人。一些来自东盟国家的留学生明确表达了希望从事兼职工作的愿望，原因在于兼职工作不仅能够在一定程度上减轻留学期间的经济负担，而且在工作过程中也能够更好地学习汉语，还能与中国人开展文化方面的交流。但是因为留学生在语言方面还有障碍，一些工作也并不适合留学生来从事，因此，可供东盟留学生兼职的岗位少之又少，而且广西各高校也无法向留学生提供适合他们的勤工俭学岗位。这些留学生只有少数能找到小语种家教或翻译工作，其余则很难找到合适的兼职工作。

4. 结果显示

东盟各国赴广西求学的留学生更多集中来自泰国和越南两国，而其他东盟国家的留学生所占比例较小，生源来源国分布不均。其中，泰国留学生人数占比为41.1%，越南留学生人数占比为20.8%，在调查中未出现菲律宾、马来西亚、文莱以及新加坡的留学生，原因在于广西高校中来自这些国家的生源极少，未被纳入调查对象。

在接受调查的留学生当中，有41.9%的人是通过熟人等社会关系的介绍才来到广西高校留学，而只有6.4%的留学生是通过政府以及高校举办的教育展了解到相关信息并来到广西高校留学。通过访谈获知，很多留学生希望自己的母国学校加强与留学所在校的联系，开展更广泛的教育交流与合作。这也说明，广西省政府以及教育主管部门还需要进一步加强对留学生教育的宣传和推广。在对留学生毕业去向的调查中发现，绝大多数学生会学成归国，这也从一个侧面反映出，广西还需要进一步提升对留学生的吸引力，努力做好基础性工作，做到对留学生引得进、留得住。

广西各高校还需要进一步提升对东盟留学生的教育服务质量，这些高校能够为留学生提供的学习资料还十分有限，可供使用的科研设备的配备情况也不佳，区内部分高校甚至无法提供良好的食宿条件以满足留学生需求，这就是有13.7%的留学生对住宿条件不满意的原因所在。各高校无法为留学生提供更多的勤工俭学岗位，兼职机会少之又少。

通过对教育成本来源的调查显示，留学生中自费生所占比例较大，其中只有14.7%的留学生能够获得中国政府提供的全额奖学金或优秀奖学金，还有17.8%的留学生属于母国政府公派性质。可以看出，广西高校中东盟国家留学生的生源渠道较少。

四、对西南地区参与中国—东盟高等教育合作提出更高要求

（一）我国地方政府参与中国—东盟合作的动因

地方政府之所以加快了与东盟合作的步伐，其原因在于，一是我们已经进入了全球一体化、区域一体化的新时代，国际合作以及共同发展是必然趋势；二是"改革开放"是我国长期以来的战略，在不损害国家利益的前提下，国家积极鼓励地方政府加强同外部国家和地区的友好往来，寻求双方合作共赢的局面。在不同的历史时期，上述因素会在中国与东盟的合作中发挥着不同的作用，但是其中地方的发展需求已经成为最主要的动因。

1. 全球化的推动

从国际关系的角度来看，全球一体化的速度正在不断加快，我国也必然被纳入国际交流与合作的圈子中。也就是说，正因为我国已经全面融入了全球化发展的大环境中，地方政府与国际社会的交流不断增加是必然的结果。在改革开放的进程中，我国的政治结构与政治层次在不断发展的对外交往中也发生了深刻的变化，在国家的对外交往中，地方政府在整个国家外交中扮演的角色也越来越重要，构成了我国外交政策的一个重要部分。自1991年以来，我国与东盟的国际关系发展非常迅速，在此过程中，地方在我国与东盟的合作交流中也扮演着越来越重要的角色。

自1978年开始实施改革开放的伟大战略以来，我国对外开放的步伐越来越快，同世界其他国家的交往也日益密切。在当前全球化趋势下，我国也主动顺应并积极参与到全球化中来。东部沿海城市成为我们改革开放的"桥头堡"，大量引进的外资企业在此"安家落户"。在此过程中，我国大量借鉴了新加坡的发展经验，吸收了新加坡大量的资金投入，引进了先进的技术，在改革开放的探索阶

段,此举产生了积极的效果。我国于 2000 年制定了"走出去"的发展战略,大力鼓励和支持国内企业到外部市场中去参与国际市场的合作与竞争。而与我国地理位置较近的东盟国家成为我国企业走出国门的第一步。在经过了 15 年的艰苦谈判后,我国于 2001 年加入了世界贸易组织,从此在全球化的发展舞台上,中国开始扮演着越来越重要的角色。在打开国门与走向世界的过程中,地方政府在国际交流中的参与程度也在不断加深。

近年来,我国与东盟外交关系稳定,这成为良好的条件,为地方政府与东盟各国开展合作打下了良好的基础。东盟自成立以来,我国就与其保持着联系,但是从 1991 年 7 月起,双方才建立起正式的外交关系。以此为起点,我国同东盟达成了政治上的互信,经济贸易上的往来也进入了新的合作阶段,从过去的对话关系发展成为合作共赢的战略伙伴,并且双方正逐步向着建立命运共同体的方向努力。中国—东盟自贸区于 2010 年 1 月正式建成,正式开启中国与东盟的自贸区的建设。2015 年双方达成新的合作协议,决定进一步开放中国与东盟的双边市场,持续加深合作层次和扩大合作空间。在双方关系进一步密切的基础上,我国地方政府同东盟的合作也开始进入了活跃期。

2. 中央政府的引导

我国始终坚持对外开放的基本方针没有改变。改革开放以来,中央政府在适当监管的前提下积极进行各类对外贸易探索,通过设立更多自由贸易区,积极探索打破关税壁垒的方案,下放部分审批流程和政策等方方面面的实践来帮助企业更好进行涉外贸易。2004 年我国通过并实施了《中华人民共和国对外贸易法》,在该法中明确了外贸经营权审批制度的废除,各类企业的对外贸易将更加便利。

我国对外开放的探索不仅局限于行政审批方面,各类贸易特区的规划不断铺开。从初期深圳、珠海等沿海城市的尝试性开放到现在有计划地开放包括云南、广西等东盟边境地区在内的内陆地区。贸易形式的探索正经历从简单的贸易特区数量上的积累到贸易特区功能多样性上的实现的质变。

3. 地方发展的需求

近年来,我国各省的国际交往日益活跃,省政府在对外交流与合作的过程中,不再仅以服务中央政府为目标,而是更加注重在国际活动中提升本省的形象,为地方发展争取更多的经济利益。从地方积极推进对外交往的特点来看,这是寻求地区发展的需要,也是地方主政人员的意愿体现。地方政府通过加强与东盟的国际合作获取了更多有利于地区发展的经济利益后,增强了地方实力,也提升了地方政府参与我国同东盟合作战略的积极性,形成了良性的互动与循环。

我国的地方政府要积极融入国际交往与合作的大框架中,这是争取地方经济与社会发展的客观要求。当前产业的合作与分工国际化的特点愈发明显，地方政府只有不断融入国际市场中，才能在充分利用国内的资源和市场的同时，还能利用国际的资源与市场，借助"两种资源、两个市场"，为本地经济发展获取更多的有利空间。据统计，2018年广西的进出口总值为4 106.7亿元，同比增长5个百分点。这其中与东盟国家进行的进出口贸易总值就达2 061.5亿元，占比达50.2%。也就是说广西的所有进出口总值中超过一半来自东盟各国的贸易交往。而自2001年起，东盟这个广西最大贸易伙伴的地位一直保持了17年，在广西经济社会发展中发挥了不可或缺的作用。同时，我国干部任用机制中有一项重要的考核指标，那就是任期内地方经济发展的状况，所以，为了获取更好的发展成果，地方领导人对与东盟开展全面合作也表现出了非常积极的态度。在参与中国与东盟合作的过程中，地方政府不仅推动了当地经济社会的快速发展，同时也积累了开展国际合作的有益经验，发掘并掌握了更多可利用的资源，与东盟国家开展国际合作的主动权进一步增加。

（二）我国地方政府参与中国—东盟合作的特点

1. 多样性

在参与中国与东盟合作的过程中，地方政府表现出了更多的灵活性和多样性，主要在于：一是在参与主体上表现出了多样性。东盟由于地缘上与我国相邻，并且是我国对外合作与交流的重要区域，因此我国各省区、直辖市都或多或少地参与了与东盟的合作。并且在合作中地方政府、民间机构、企事业单位、高等院校都在与东盟的合作交流中发挥着积极作用，这也决定了地方政府在国际交往中的参与力量呈现出了多元化的特点；二是在参与领域上表现出了多样性。这些领域包括政治交往、经济发展、安全合作、人文交流等；三是在参与方式上突破了传统的以经贸往来为主的方式，合作与交流方式变得丰富多样。参与主体也在积极寻求多样的方式来开展与东盟的合作与交流，比如相互缔结友好城市、组织举办重大外事活动、共同举办文体交流活动、开展经贸方面的相互投资等。

2. 非平衡性

在中国与东盟的合作中，地方政府参与时还存在不平衡的问题，主要表现在：一是各地方政府与东盟合作的领域以及侧重点不尽相同；二是各省地方政府由于政策、地缘等多种因素不同，合作积极性和程度深浅不一。其中，与东盟在地域上更接近的地区表现得更为积极。由于各地方政府在此过程中被授予的权限各不相同，因此地方政府在与东盟开展的交流合作中所表现出的参与度也各不相同，在人文交流以及经济合作等领域表现得更加活跃。因为安全领域与政治领域的敏感性更高，因此，在与东盟开展合作的过程中，地方政府大多是执行国家的既定政策，包括中央与东盟合作的政治政策。而在经济合作领域中，地方政府不仅会执行中央的国际经济合作政策，同时其自主性也更强，主动提出了一些双边合作倡议，如南新经济走廊建设、泛北部湾经济合作议题以及中缅油气管道建设等。中央对其中一部分倡议也给予了肯定与支持，成为国家层面的国际合作项目。在人文交流领域中，地方政府则表现出了更强的积极性和主动性。地方政府有了更多的自主性，丰富多样的合作形式不断出现。

与东盟开展交往与合作在各省所表现出的重要性各不相同，因此地方政府也表现出了对此的不同重视程度。地方政府在中国与东盟的合作大局中发挥什么样的作用，会受到诸多因素的影响，如地区经济发展水平、社会文化的整体结构、所处的地理位置、周边国家与地区所形成的国际环境等。总之，受地缘上接近与人文交流的便利这两个因素的影响，与东盟在地缘上更接近的广东、广西、云南等省在与东盟的交流与合作中表现得更加积极与主动。

3. 竞合性

从"一带一路"倡议的宏观来看，我国各个沿线地区可以视作一个整体，共同在倡议中做出积极贡献。但从微观上分析，各地区为了维护本地区利益，在良性竞争中形成合作生态，彼此之间也存在着竞合关系。各地区在国家战略的指引下充分结合本地优势，形成更富地区特色的建设成果。

在建设"中国—东盟"伙伴关系的过程中，广西利用中国对东盟进出口重要口岸的独特区位优势积极争取国家层面的战略支持。2017年《国务院关于北部湾城市群发展规划的批复》的发布明确了广西北部湾地区作为面向东盟开放的高地，在此基础上广西灵活运用自身重要门户的区位优势，有机结合"一带一路"倡议的执行，联合广东、海南等省形成了"一核两极"的北部湾发展新格局。相对地，拥有相似区位资源的城市在发展路径的选择上也会出现合作和竞争，云南和广西在部分涉东盟贸易中便有这样的例子，两地在地理上都与越南接壤。为推动跨境合作，云南致力于打造河口—老街跨境经济合作区，广西则力图建设东兴—芒街、凭祥—同登、龙邦—茶岭三个中越跨境经济合作区。两地经济区在功能设置上有较多相似之处且均为省级跨境经济合作区，在共同为我国对外贸易做出独到贡献的同时也存在着竞争关系。

这类竞合关系不仅可以介于两方之间，在更上位的合作领域中多方共同争取国家级合作机会的例子更为常见。在与东盟互联互通方案的讨论阶段，云南主推被纳入泛亚铁路和《东盟互联互通总体规划》(Master Plan on ASEAN Connectivity) 的昆明—新加坡铁路，而广西则希望建设南宁—新加坡铁路。最终，2017年8月，在中新（重庆）战略性互联互通示范项目下，重庆与广西、贵州、甘肃四方签署了《关于合作共建中新互联互通项目南向通道的框架协议》[51]。

4. 影响双面性

地方政府是中央政府政策的执行者与行为的代理者，需要履行为代理人利益服务的义务，还担负着地方发展的重任，同时要顾及自身利益获取的需要。在保证与中央政府利益相一致的前提下，地方政府间在利益获得的先后顺序以及利益的分配等方面与中央和其他地方政府存在不可避免的矛盾。虽然各地政府也会与东盟进行合作，但内外部资源是有限的，为了争夺更大的发展空间，获取中央的更多支持，占领更大的东盟市场，出现了相互竞争的局面，这就在一定程度上使对外合作的成本有所增加。因此，地方政府在参与中国与东盟的合作战略时，也存在着一些消极的作用。在此过程中，要明确地方政府只是中国与东盟合作战略的支持者与配合者，并不具备国际法所明确的主体地位，因为国际关系的主体只能是主权国家。地方政府只有取得了中央的授权，才能开展与东盟等国际社会的合作与交流。但是在中国一贯的对外关系政策中，中央与地方大多是共同协力的关系，在地方发展与国家外交事业之间，地方政府扮演着国家重要事务的执行者和中外交流合作代理人角色。在与东盟开展交流与合作的过程中物权、财权与事权的划分直接关系到交流与合作的效果，在这些方面，地方政府需要获取中央政府的授权，并取得相应的支持。地方政府需要在中央制定的总体框架内对外开展各种交流活动，并且不会对中央在外交上的权威构成威胁。只有获取了中央的授权，地方政府所从事的各种外交活动才具有合法性，也才能享受到中央政府在资金投入以及政策制定方面的优惠。并且一些大的合作项目也需要得到中央的批准才能实施。

地方政府与国际开展的交流与合作，可以成为某些领域中央政府对外交往的有益补充。在一些中央政府尚未深入展开国际交流与合作的领域，地方政府可根据自身利益的需要先行实验和试点，当取得了一定的成果、积累了一定经验，并被证明具有可行性之后，可以推动这种外交实践成为国家层面的外交活动。近年来，尽管在我国与东盟国家的经济合作中，人民币国际化的推广有了一些成效，但还无法满足国际经贸发展的实际需求。为此，中央于2013年印发了《云南省广西壮族自治区建设沿边金融综合改革试验区总体方案》，意在广西和云南地区推行跨境金融合作的试点。此试验区建成后担负的主要任务是进行双边与多边跨境金融合作的尝试，为全面深化双边与多边金融合作积累相关经验。金融综合改革试验区的建立，必将为我国与东盟今后的金融合作打下坚实的基础。

在对外开展合作与交流的过程中，中央政府在行为和出发点上都与地方政府有所不同。就中央政府来说，加强地缘安全建设、推进双方政治合作关系是主要侧重点，这也是从宏观战略角度出发所制定的目标。而地方政府的侧重点则在于寻求地方的社会发展，获取地区经济利益，尽管两者的最终目标是趋于一致的，但是在利益获取过程中仍然存在着差异性。仅就中缅油气管道建设这一项目来说，中央和地方政府就有着不同的目的与出发点。就云南自身发展的角度而言，此管道在云南境内修建，还能配套建成 1 000 万吨级的炼油厂，对于本地经济的发展有着重要的带动作用。而就中央政府宏观的战略目标来看，过去我国进口石油的主要运输途径是马六甲海峡，建成此油气管道能够进一步提高国家能源的安全性，降低我国油气对进口的依赖性。另外，在泛北部湾合作中，地方政府考虑的是能够通过参与此合作得到中央的更多支持与财政上的投入，而中央政府考虑的则是此经济合作能够密切与东盟临海国家的关系，将东盟的海岛国家也纳入合作中来。

（三）西南地区参与东盟国家高等教育合作的制约性

社会和市场等主体在中国—东盟高等教育合作中并没有积极的参与性，其主导者是政府。一方面，只有由政府进行主导，中国—东盟高等教育合作才能获得较好的发展。政府的优势在于制定和实施政策，可以增加学校、家长和学生的重视程度。另一方面，从长远的角度来看，中国—东盟高等教育合作要想实现可持续发展，就必须保证在合作中社会、市场等主体共同参与进来。只有这样，才能让中国—东盟高等教育合作更加多元化，更加全面，才能实现长远的发展。

范围广，并且具有一定深度的职教国际合作网络才是中国—东盟高等教育合作的目标。高等教育合作对于双方来说是长时间的，所以要依靠宏观展望。这就表示双方构建的合作体系要达到多层次、全方位、多样化。否则双方的高等教育合作网络体系无法实现长期的合作。

此外，中国—东盟高等教育合作缺乏多样化的层次。我国高等教育体系有着丰富的类型和多样化的层次，十分庞大。但中国—东盟高等教育合作在当前缺乏足够的层次和类型。双方可以在中等和高等教育的基础上，促进产业贸易合作，丰富合作的内容和项目等，使其可控性更强。

第六章

西南地区与东盟国家高等教育合作的趋势、机制和路径

第一节 西南地区与东盟国家高等教育合作的趋势研判

一、新冠疫情对高等教育合作产生的重大影响

2020年年初,新冠肺炎疫情波及世界,同时也对国际教育事业产生了十分重大的影响[52]。一项旨在研究新冠流行是否影响了高等教育国际交流的研究显示(Quacquareli Symonds,2020),近七成的中国留学生认为疫情影响了留学活动,大概一半的欧盟、北美及印度地区留学生持有相同观点;此外在上述国家及地区有约15%的国际留学生改变了留学目的地甚至放弃了留学计划。这一数据一再证明,新冠疫情对于国际高等教育交流的影响不可谓不大。

世界疫情的发展经历了短期爆发阶段,正向着动态发展,长期共存的模式变化。思考如何与新冠疫情长期相处并在此基础上构建行业长远发展的合理机制成为各行各业必须思考的问题,西南地区国际教育事业无出其右。

新冠疫情导致的各地留学政策的限制、高校国际课程形式的变化[53]、相关奖助勤贷细则的调整不仅影响了西南地区有关政策制定,更对具体开展国际教育

活动的西南地区高校提出了严峻的考验。2021年,全球各地区均陷入新冠疫情的泥沼,高等教育活动数量出现了断崖式的下降。其中的原因主要有以下几个:

(一) 国际旅行限制

美国、英国、加拿大、欧盟地区、东南亚地区等几乎所有国际教育热点地区都曾对不同来源国的国际游客进行了旅行限制。由于疫情发展的不可控制性,各国针对不同地区设置的旅行限制措施也发生着实时的调整。复杂多变的旅行限制措施导致了国际学生不能明确自己的旅行学习计划,甚至因为旅行限制而不得不放弃特定学期的修读。

(二) 高校授课及科研活动受阻

高校作为人员高度聚集的公共场所,极易成为疫情爆发的热点地区。出于防疫需要,各地高校纷纷调整了疫情期间的教学活动计划,暂停了线下教学活动,转为线上教学。未来教学和科研工作的不确定性引起了师生恐慌,不少高校出现了教学规模锐减甚至关闭的情况[54]。仅以美国高校为例,截至2021年7月14日,全美已经有数百所大学宣布永久停课,波及数万名学生。其中不乏一些历史悠久的高校:建校长达174年的麦克默里大学,春季学期之后永久关闭,俄亥俄州富兰克林大学、美国佛蒙特州立大学等多所高校永久关闭一个或更多的校区。

(三) 留学相关活动数量明显下降

作为国际教育名片,常青藤联盟的"开放校园计划"(Open Schooling Programme, OSP),中、日、韩三国政府共同主导实施"亚洲校园"(CAMPUS Asia)计划等各类国际教育展示项目,2021年的活动开展都受到了不同程度的影响,不少合作学校缩减了项目规模或直接取消了相关计划。直接导致原本有意向参与国际教育的学生无法通过类似活动了解意向学校的专业情况,重创了其留学热情[55]。

疫情对于国际教育的影响是全面而深入的,既从下至上的,受到疫情管控的重重影响使得潜在的国际学生对于就读海外高校产生了深刻芥蒂,影响了高校涉国际课程的专业发展;又从上至下的,因为高校总体教育科研力量的萎缩,学生越发质疑在兴趣高校的学业计划是否能够最终完成。从某种意义上说,国际教育事业被迫步入为应对疫情而发生的结构性调整之中。

随着时间的推进,世界各地政府在疫情长期化过程中逐渐探索出与疫情共存的方法。不少高校的国际教育工作又被重新提上了日程,我国教育部、财政部、国家发展改革委2022年发布的《关于深入推进世界一流大学和一流学科建设的若干意见》(教研〔2022〕1号)就明确了"全面提升国际交流合作水平"及"深度融入全球创新网络"两个重要方向。在具体举措上,教育部留学服务中心组织开展了"平安留学伴你行"系列宣传推广活动，组织编写了《海外留学人员新型冠状病毒肺炎防控指南》等与留学息息相关的指南和说明。由此可见，从国家顶层设计的角度上看，我国发展国际教育的决心没有改变。

国际教育正同这个世界一道，处于百年未有之大变局中。疫情带来的种种困难既是挑战也是机遇。西南地区国际教育力量应当理解好国家在建设国际性教育事业上的决心和意志，尽快适应疫情带来的变化，创造出一条既能满足时代背景要求又兼有区域特色，符合地区发展要求的国际教育发展道路。以广西推行的国际教育支持政策为例，其主要通过以下三种举措推进了区内国际教育发展：一是在疫情管控措施的指导下，继续坚定保障在华留学生的各项交流学习活动不受影响。保障"欧美同学会（中国留学人员联谊会）第二届'双创'大赛广西选拔赛"等活动的正常举办，保持区内高校国际课程的教育质量和国际影响力；二是充分考虑在疫情管控下不能按时完成课程的留学生的需要，为这部分学生提供"疫情期间学历认证调整""转国内访学"等便利，避免执行僵化制度给留学生带来更多的顾虑；三是继续积极支持国际教育发展，保障各类留学基金和项目的高质量执行，给国内外有兴趣参与国际教育的学生传递明确的政策信号。

在疫情常态化趋势下，权衡防疫需要和地区发展需要，设计和推进一套切实可行的国际教育合作发展体系是西南地区国际教育力量的当务之急。

二、疫情背景下国际教育事业出现的重要变化

为应对疫情对全球国际教育事业产生的重大影响，不同国家和地区纷纷出台了应对措施。以英国为例，在经历了脱欧事件的重大影响后，2019年3月，英国政府发布了第一份具有决定意义的国际教育战略报告《国际教育战略——全球潜力、全球增长》（以下简称"战略"）。该文件作为纲领性文件，提出了英国国际教育事业2030年的发展目标，为英国国际教育事业规划了明确的发展方向。但随着疫情的肆虐，国际教育发展出现了重大变化。对此，英国政府及时调整推进策略，2021年2月，英国教育部和国际贸易部联合发布了《2021年国际教育战略升级——支持复苏、驱动增长》，面向留学生提出了一系列便利条件，同时进一步加大对"奋强奖学金""联邦奖学金""马歇尔奖学金"等留学生奖学金的支持力度，并重点向新设定的高价值优先发展区域倾斜。类似地，我国教育部2016年印发了《推进共建"一带一路"教育行动》；2019年与辽宁省、山东省、重庆市、宁波市在京签署《推进共建"一带一路"教育行动国际合作备忘录》；2021年，由大连理工大学发起的中国—乌克兰大学联盟正式成立。乍看之下，"一带一路"国际教育事业正在稳步推进，而21世纪20年代的今天，疫情、日趋复杂的国际政治形式等因素无不对世界的发展提出了新的要求。纵观目前我国

国际教育现状，一份既能够及时满足时代变化需要又具有一定战略重要性的指导性国际教育政策仍然缺乏，我国国际教育事业如仍一味守旧，不根据当今时代特征做出调整，必将面临发展上的重重桎梏。

一方面，国际教育形式也因为疫情的影响出现了许多变化，各类以在线课堂为主的教育形式，因为较好地满足了疫情期间国际教育在非面对面教育活动方面的迫切需要而获得了蓬勃发展。一方面，在线会议软件正向着越发适合教育活动的方向发展。尽管国内的在线会议软件"腾讯会议""钉钉会议"，国外的"Zoom""Skype"等都已经具有了不错的发展基础，但仍缺乏与教育诉求相匹配的功能和资源，因此"Coursera""Mooc"一类更加专业的在线教育软件逐渐在国际教育领域崭露头角[56]。另一方面，在线教育形式也正发生着更加深入的变革。2020年12月11日由清华大学发起的世界慕课联盟正式成立，联盟20位创始成员包括美国康奈尔大学、法国交叉科学研究院、美国慕课平台edX等世界各个国家和地区的高等教育学府。各类在线教育资源的整合标志着在线高等教育，从教育零散分布到集中深入，从临时措施到高等教育资源的重要发展途径之一，不断进行着变革[57]。

在这样的大背景下，我国国际教育事业仍然取得了一定的成就。2021年年末，教育部发布的《全国普通高校本科教育教学质量报告（2020年）》指出，疫情期间高校适应需要主动作为，推进国际交流合作努力创新。国际交流合作改变了形式，"在地留学教育"得到了发展，国内本科以上中外合作办学在读学生超过30万人，我国成为世界主要留学目的地国之一。截至2020年年底，全国共有本科教育中外合作项目890个（其中2020年新增83个），覆盖28个省份，涉及440所高校、35个国家和地区。高校累计开展双语或全外语课程88 289门，与上一年相比增加了3.61%。

中国与东盟国家在经济、文化、地缘等方面长期存在互补发展的优势，天然地具有发展国际高等教育合作的基础，自2008年以来，中国—东盟教育交流周活动已成功在黔连续举办了13届。2012年，实现中国与东盟在教育领域实施的"双十万学生计划"，充分佐证了两地留学市场的蓬勃活力和深厚底蕴。中国—东盟"海外名师项目"和"学校特色项目"更是促进了优质教育资源在中国与东盟地区之间的交换。特别是《推进共建"一带一路"教育行动》的发布和实施极大便利了东盟各国国际留学生来华学习交流，将中国与东盟间的高等教育合作推向了新的高度。

尽管取得了一定的成绩，面对长期存在的新冠疫情以及日益严峻的国际政治局势，中国西南地区与东盟各国之间的高等教育合作还将承压。只有更加科学、客观地预期未来两地之间的高等教育合作态势和发展走向，才能更好地规划和实施未来的各类高等教育合作项目。

三、当前西南地区与东盟国家高等教育合作的政策分析

近年来,随着西南大开发的不断进行,政府部门也对此地的教育政策加大了资金投入,对高校开放创新、合作交流给予了鼓励与支持。自从"一带一路"开展以来,中国和东盟的联系也日益紧密,教育领域方面的交流与合作也在逐渐增强。分析研究教育部"一带一路"框架发现,开展高等教育国际合作时还是要建立新机制,逐步推进"一带一路"教育工作。

首先,从资金支持方面进行研究分析,可以增加东盟国家的对应奖学金名额,或设立专门面向东盟的奖学金项目,让更多东盟国家了解中国政策,吸引学生到西南地区学习,逐步对西南地区进行教育打造,使其成为东盟国家留学的主要地域。这也是对西南地区独特优势的挖掘,进而发挥出民族优势与文化优势。

其次,可以引导西南地区的高校与东盟国家高校合作,形成"2+1""3+1"教育模式。鼓励支持本科人才简历合作培养项目,双向合作、双向培养,为东盟国家输入更多的专业人才,当然,通过合作还可以为我国培养一批了解"一带一路"的专业人士,熟悉东盟教育发展方向,为后期合作打下坚实的基础。

最后,需要落实《备忘录》,加大西南地区与东盟国家合作,给予重点项目更多支持,发挥西南地区的地域优势,将其打造为"丝绸之路经济带"沿线国家的"留学港",成为我国重要的国际教育合作中心。

第二节　西南地区与东盟国家高等教育合作的机制构建

一、西南地区与东盟国家高等教育合作运行分析

(一)西南地区发展东盟留学生教育的社会中观协调分析

根据波特的竞争优势理论,教育服务的发展离不开社会相关企业及其他社会力量的辅助和支持。社会企业及其他社会力量的参与不仅能活跃留学生教育服务的合作局面,还能丰富留学生教育的交流内涵,例如各种社会力量参与到留学生教育的中介服务、民间捐赠、社会融资、人才储备、就业等事务中来,都将有利于做大做强留学生教育格局。

1. 提升留学生教育发展所需的社会基础环境

东盟留学生远离家乡来到一个陌生的城市环境中学习生活，安全、舒适、便捷的城市居住环境是其来华留学的基本需求之一。根据调查结果，有大部分的东盟留学生对西南地区城市兰州的城市环境感到"一般"或者"不太满意"，尤其是对城市的交通环境尤为不满，道路拥挤，堵车频繁，不利于东盟留学生日常出行。为此，西南地区政府及相关社会组织机构应有针对性地优化市区交通路线，积极利用多种通行方式，增修地铁，鼓励市民搭乘公交，减少私家车出行数量，以此改善城市交通环境。除此之外，还应注意提高西南地区人居环境对东盟留学生的归属感建设，在校园周边及城市增加具有伊斯兰教文化特色的建筑，进一步加强市区社会治安环境的建设，打造宜人的城市人文环境和优质的社会生活服务环境。

2. 鼓励大型外向企业同高校间的产学研合作

国家"一带一路"倡议核心中提到"政策沟通、设施联通、贸易畅通、资金融通、民心相通"——"五通"，其中基础设施、贸易和资金的融通是建设重点，教育事业的交流则可以成为通民心的重要抓手。各行业领域的人才培养离不开各大企业、行业与高校的密切合作，国际教育事业也必须给产学研结合的构筑倾注足够的思考，疫情对全球产业打击尤甚的今天更是如此。一方面，当今时代背景下的产业结构正面临重大转型，各大企业在国际视野下的角色和生态功能也正发生着急剧变化。如何培养能够满足时代专业需求的人才，同时将具有专业技能的人才匹配和输送到能够充分发挥其价值的岗位上，是国际教育合作当前必须答好的一个问题。另一方面，通过产学合作、双方参与的形式，可使社会各大企业有力地支持本省留学生教育事业的发展。设立留学生的教育实习基地，同高校的留学生签署实习协定，为留学生提供实习岗位与指导，并为优秀的留学生提供丰厚的企业奖学金，这不仅在一定程度上扩大了企业自身的国际知名度，还能有效促进留学生专业实践能力的发展，并加深对企业的认识与了解。

3. 成立专门性的留学教育服务推介机构

教育服务中介机构在留学教育服务市场中起到桥梁和纽带的作用。目前，就西南地区的现状来看，参与到留学生教育服务的社会企业和商业机构为数较少，主要集中于留学教育服务中介机构，且尚未形成规模，基本上为主营出口留学中介市场，兼营来华留学中介服务。而这些留学教育中介作为专业服务机构，拥有专业的服务人员，具备丰富的出国申请办理经验，以及行业领域的多方面信息资源，能够更为专业、全面地筛选和判断信息。一方面，能够为想要出国留学的中国公民提供留学咨询与规划、签证申请及代办入学手续等服务，另一方面，也可为来华留学生提供专业、全面和准确的来华留学招生信息。因此，急需在社会上成立一批专门性的留学教育推介机构，不仅起到"送出去"的作用，还要发挥"引进来"的功效，注重对省内留学市场的扩大，利用其与国外教育机构及学校的合作关系，在国外广泛宣传西南地区的留学生教育品牌、社会人文环境和城市生活环境，从而吸引更多沿线国家学生来西南地区留学。

（二）西南地区发展东盟留学生教育的高校微观运行分析

高校作为来华留学生的培养单位，是提供留学生教育服务的主体，其提供的服务情况直接影响着来华留学生对教育服务质量的满意程度以及影响着他们来华留学目的地的选择倾向。高校可从物质条件的满足、专业结构的调整、课程体系的优化、师资队伍的建设、管理制度的完善、教育服务质量的保障、教育品牌的宣传等方面着手，不断提高西南地区留学生教育服务质量，打造出优质的教育服务品牌，增强西南地区留学教育服务在东盟市场上的国际竞争力。

1. 提升高校基础设施环境建设

在"一带一路"倡议实施的背景之下，近年来，西南地区高校东盟留学生教育发展态势较好，并逐步具有规模化，但原有的留学生公寓楼、教室及日常活动场所等已经不能满足日益增多的西南地区留学生数量，这极大地限制了留学生的学习生活空间。通常，留学生在选择学校求学之前，对学校的硬件基础环境设施层面都有着较高的期望，比如留学生对高校的教学设施和住宿环境的满意度是教育服务质量中有形层面的一个重要维度。本书的调查结果显示，在硬件基础设施方面，目前东盟留学生对高校的教学设施、住宿环境、图书资料馆以及体育活动场所的满意度均处在"一般"与"比较满意"之间，这说明学校的教学设施和生活场所并没有较好地满足东盟留学生的学习生活需求。因此，高校应拓宽资金渠道，加大财政投入力度，完善办学条件、校舍环境等校园基础设施建设。如建设专门的留学生公寓、国际学生活动中心、图书资料室等，为留学生提供更开阔的学习、生活和交流的空间场所，使他们享受到更好的教学设施资源，以满足他们的日常学习和生活需求。

2. 有针对性地调整留学生专业课程设置与布局

在"一带一路"倡议的实施过程中，"五通"中的"设施联通、贸易畅通、资金融通"对各领域专业技术型人才的需求量较大。专业性人才是"一带一路"倡议实施的核心要素，不论是基础设施建设、贸易投资，还是产业合作，均迫切需要大量在项目工程、技术、贸易、金融、经济、通信、法律等多个领域的专业性人才，为其发展提供人才支撑。然而东盟地区深处亚洲内陆地区，经济基础相对薄弱，依托现有的能源资源，多以工业为主，但产业结构单一，技术落后，发展水平参差不齐，急需大量的专业技术性人才为产业发展注入活力。因此，对于高等院校而言，一方面，需要以"一带一路"沿线国家的社会人才需求为基础，对原有的留学生人才培养方案进行重审，有针对性地调整东盟留学生专业培养方案和专业课程设置，充分利用高校现有特色专业和优势学科，加强各学科交叉与融合，整合已有专业学科学习，优化教师资源，开发有特色、高水平、有吸引力的专业与课程；另一方面，高校应加强同东盟各国间建立贸易往来关系的相关社会产业界的良好合作，及时获取人才需求信息，协同制定人才培养标准，采取订单式国际人才培养模式，以此来满足"一带一路"倡议发展对专业性人才的需求，实现同沿线国家间的人才互通。

3. 改善留学生培养模式

随着"一带一路"倡议的实施，近年来西南地区高校东盟留学生数已逐具规模，要提高教育服务质量，关键就在于改进以往的留学生与中国学生趋同化的培养模式，为东盟留学生制定和执行专门的培养计划与培养方案，从而提升东盟留学生的培养质量。其中，合理的课程设置直接关系着东盟留学生对知识的掌握程度和学业的获得程度，也关系着高校留学生教育服务质量的提升。教学人员应该根据东盟留学生的不同需求和知识基础，科学、合理地安排课程内容和教学进度。一方面，应保证课程设置的国际化以及课程内容的适应性、应用性和科学性，以满足东盟留学生个体学习需要，并设立与"一带一路"倡议发展相关的特色学科专业，吸纳更多沿线各国留学生前来学习；另一方面，高校教学人员也应不断丰富课程内容、提升双语授课能力、改善教学方法和手段，以此来保证教学质量的提高。与此同时，高校还应该重视定期为来华东盟留学生举办各种关于"一带一路"或"丝绸之路"的学术讲座和报告会，深入开展国际交流，开阔东盟留学生的国际视野和增强其历史文化认同感。

4. 提升师资队伍国际化素质

就调研问卷反馈的情况来看，目前西南地区四所高校中的大部分东盟留学生都强烈表示学校缺少精通俄语的授课教师，在国际教育学院中负责留学生教学事务的教师大多都长于英语授课，而懂俄语甚至是精通俄语的教师人数屈指可数。师资力量的不足严重制约了东盟留学生的学习效果和学习热情。

因此，西南地区各高校应加强留学教育师资队伍的建设，培养一批能熟练运用"双语"或"多语"授课的教师队伍。一方面，大力引进优秀的师资人才，其不仅具有较高的教学水平，同时还能熟练运用英语或俄语，并对东盟国家的文化、历史及社会背景知识较为熟悉；另一方面，应提高现有教师的教学水平与教学素养。为此，高校应将"教师国际化培养"纳入学校发展规划之中，通过外语培训、海外研修、学术交流、国外访学、进修、任教等方式，提升现有教师的国际化水平。与此同时，各高校也应重视并开设沿线国家语言类、民族类等专业学习培训课程，提升教师双语教学水平，加深教师对沿线国家民族、文化的了解，以此提高西南地区留学教育师资的总体水平。

5. 改善留学生组织管理工作

管理即服务。高校留学生管理工作应秉持"以人为本"的服务理念，一切从留学生的利益角度和生活需求出发来开展工作。由于东盟留学生来自不同的国家和地区，有着特殊的历史文化背景和宗教信仰背景，因此，这些特殊性也就决定了管理工作的复杂性，为使得各高校面向东盟留学生的管理工作更具正规化、精细化和人性化，需要从以下几个方面来努力：

（1）树立服务意识，改善服务态度。

目前，有相当一部分东盟留学生对所在高校的后勤管理人员的服务态度表示"不满意"。留学生管理工作细微繁杂，从报到、入学、办证、体检、住宿到就餐、医疗，甚至整个后勤服务工作都需要管理人员的耐心服务。管理人员如果缺乏热情、耐心的工作意识和服务态度，势必会影响留学生管理工作有效运行，也会有损高校的对外形象。因此，留学生管理人员应具备热情耐心的工作态度和乐于奉献的服务精神。

（2）熟练掌握外语的能力。

在同东盟留学生的访谈中得知，大部分管理人员外语听说能力较差，在留学生遇到困难和问题向相关管理人员寻求帮助时，经常会因语言沟通的障碍，不能及时为留学生提供相应的服务，致使管理工作效率低下。因此，作为高校留学生管理人员，需要具备一定的外语沟通能力，提升工作服务效率和服务质量。

（3）跨文化交际能力。

由于留学生在抵达学校后会因文化差异、生活习惯、风俗习惯、语言体系等不同引起各方面心理不适的情况，因此，这就需要管理人员具有一定的跨文化交际能力。管理人员应积极主动地向留学生对中国国情、西南地区情、高校校情进行介绍说明，帮助他们了解中国的法律法规、文化传统、风土人情和民风民俗，使得留学生能够尽快地更好地适应异国留学的生活环境。

（4）注重留学生心理辅导工作。

在同东盟留学生访谈期间了解到，目前西南地区各高校教育服务人员对留学生心理疏导工作还不够重视，学校尚未成立针对留学生群体的专门性心理辅导咨询室。由于受不同的文化背景、生活习俗、宗教信仰和语言障碍等跨文化因素的影响，留学生通常会产生一些焦虑、孤独、缺乏安全感及思乡之情，这些心理问题若得不到及时的疏导，将不利于留学生顺利完成学业。

因此，各高校应在教育管理过程中加强留学生心理健康关注力度，完善高校留学生心理健康教育队伍建设，积极开展留学生联谊活动，消除留学生内心的不适感，帮助留学生在学习生活中找到归属感。

6. 拓宽教育服务品牌的对外宣传渠道

对外宣传工作是扩大高校海外知名度，提高国际影响力的重要手段，也是实现高校稳定发展，营造良好舆论环境的重要力量，更是提升高校发展力，增强国际竞争力的最重要途径。高校要吸引沿线各国留学生生源，除了加强自身的内涵建设外，还应加强对外宣传工作，主动向沿线各国推介自己，以形象和品牌扩大学校的知名度和美誉度。为此：

（1）在高校对外宣传的手段上，随着媒介融合趋势的影响，新媒体的运用是各高校不可忽视的对外宣传方式，尤其是官方微博、微信公众号、新闻客户端等新兴媒体在高校对外宣传的地位日益凸显，因此，高校的对外宣传工作既要利用好报纸、广播、电视等传统媒体和传播手段，还应拓宽利用网络、论坛、博客、微博、微信等新型媒体和传播手段，构建多种形式的立体传播和宣传网络。

（2）在高校对外宣传的内容上，院校的外文网站建设是高校对外宣传的重要窗口，也是吸引海外留学生、海外学者来访和加快高校国际化进程的重要一步。

因此，院校外文网站在内容宣传上应翻译介绍和展示学校的基本情况、校园历史、校园文化、办学特色、教学科研、中外合作交流、师资队伍等信息，除此之外，还应该突出海外学子普遍关心的奖学金资助政策、教学传统、特色专业、校园服务等信息。

二、"三步走"战略推动西南地区与东盟国家高等教育发展

（一）固本阶段

此阶段主要侧重于发挥学校的地域优势和学科优势，肩负起国家教育战略发展使命。和丝绸之路沿线国家进行高效教育，共同探索教育发展之路，明确教育发展的方向，逐步完善我国国际合作办学机制。此外，增强我国高校学生自主性，提升我国高校的吸引力，扩大高校教育影响，增强教育竞争力；"打铁还需自身硬"，西部高校想要进一步发展国际高校合作交流活动，需要进一步深入研究分析丝绸之路沿线国家的教育特点及科研、经济、文化发展的方向，根据学校自身情况，找到属于自身的特点与特色，以教学为基础，大力发展学科建设及科研、管理等，以文化为纽带，带动高校发展，全面提升竞争力与影响力。

（二）治标阶段

治标阶段主要侧重于科研合作，通过科研合作来带动人才培养，高校需要积

极主动寻找高质量的合作伙伴，寻找国际一流大学进行合作办学。比如，西部一流高校在合作交流进程中，可以充分利用自身学科优势，积极探索创新，通过学科专业性以及领域专业性来巩固与合作伙伴之间的关系，进一步增强彼此之间的科研合作，带动教育的发展及我国人才培养。当然，在建立国际高校交流与合作时，需要对其进行充分分析、了解。例如，本书中所说到的 X 高校 Z 学院，与国际一流高校建立合作交流的前期是"作物抗病育种与遗传改良创新引智基地"项目，Z 学院针对此项目开展对应的"作物抗病论坛"活动，活动前邀请各国专家或者各高校科研人员积极参与，针对课题开展对应的学术交流，在交流过程中相互了解并建立信任关系，进一步促进高校国际交流项目发展，如研究生海外科研实践、本科生访学等。

（三）稳步发展阶段

稳步发展阶段的目标是成为国际上高等教育改革的重要参与者，逐步带动世界高等教育改革，引领教育改革的步伐。具体分为两个方面，第一，要想提升自身的影响力，成为国际教育改革过程中重要的一分子，需要有固本阶段与治标阶段的积累。发展到此阶段，我国西部地区高校已经发展到了一定阶段，教育体系建设已经有一定地位与影响，这也是高校成为世界高等教育改革参与者的基础；第二，想要进一步发展，引领世界高等教育改革，推动教育发展，需要发展自身，逐步成为可以代表世界高等教育的典型，只有这样，方可在真正意义上成为国际高等教育改革过程中的引领者，推动世界教育改革。针对此问题，我国的西部地区"双一流"建设高校根据自身的优势与特点，加强知识创新与教育创新，积极配合国家政策，培养更多人才。这些可复制、可推广的教育改革经验为世界高等教育改革与发展打下了坚实的基础。

三、高等教育合作实例分析：东盟孔子学院的管理创新

随着"一带一路"的深入开展，东盟国家与我国的经济往来、教育交流等也在逐渐增强，因此，对应的汉语人才需求也在逐渐增大。随着教育合作形式的转变，东盟孔子学院需要进行转型，不仅在教学上要加以创新，还需要改善整体的管理机制，将整体的孔子学院建设与"一带一路"政策相融合，快速实现发展。

（一）成立东盟孔子学院协调创新中心

想要加强与东盟各国的交流合作需要改善孔子学院的整体管理模式，将一带一路沿线国家整合，达成共同发展共识，向着共同的目标前进，增大合作交流程

度。当然，对于汉语语言政策方面，东盟十国等需要具备共性。东盟各国通过合作交流协调发展可以进一步推动"一带一路"建议，与各国形成一致性，促进合作交流项目稳步发展。例如，铁路的联通、经贸的依赖以及旅游的发展和法律的保障等均离不开汉语人才，因此，需要各高校努力推进高等教育国际合作，培养更多汉语人才。成立东盟孔子学院协调创新中心主要目的是建立具有针对性的指导平台，主要针对的是东盟孔子学院的协调发展。创新中心的建立可以在一定程度上结束孔子学院各自为政的管理模式，统一规划孔子学院的整体发展，并互相补充，逐步形成信息与资源共享的高校联合体。"先进孔子学院"办学模式的实行具有一定示范性，可以将此模式运用到其他孔子学院中，让新成立的孔子学院快速发展。通过互相学习、互相借鉴的方式，可以改进孔子学院的教学模式与管理模式，实现管理共享，快速发展。当然，现在实行的孔子学院合作模式，在一定程度上决定了"东盟孔子学院协调创新中心"的发展方向，创新中心需要一定经费支持与管理决策者，其发展离不开孔子学院总部（国家汉办），孔子学院总部主要起到领导与决策的作用。为了让"东盟孔子学院协调创新中心"发挥出应有的作用，促进教育合作交流，代领各孔子学院走向管理共享。创新中心在命名时，可以标上国家汉办的字样，比如"国家汉办—东盟孔子学院协调创新中心"。当然，举办创新中心有时不宜过分宣扬官方背景，针对这种情况，在建立创新中心时可以寻找对应的国家教育研究实力较强的大学，通过大学背景增强创新中心的实力，通过挂牌成立对应的研究小组。在经费方面，可以向国家汉办申请，当然申请时最好采用项目制的形式，这主要是借鉴了孔子学院的申请方式。

（二）设立孔子学院创新发展科研专项基金

想要增大孔子学院科研成果及产出数量等需要增强智库研究成果支持的力度。孔子学院想要走创新之路，离不开实践基础的支持，当然，一定的理论基础与决策指导也必不可少。东南亚色彩相对较多，此处的文化线索相对复杂，东盟的多样性致使各国社会存在一定的不稳定性与多边性。东盟孔子学院在发展过程中，需要以本土文化为基础，同时通过研究与分析东盟国家文化，为孔子学院与东盟文化融合打下基础。

目前，学术界关于孔子学院的研究逐渐增多，但是在孔子学院创新发展方向的研究较少，且无较多研究成果，按照国别对孔子学院创新发展方面的研究更少。之所以出现此种情况主要是因为所建立的孔子学院均在他国，这种情况导致对孔子学院的实际考察较少。同时，汉语在国际中的地位刚刚提升，对很多国家来说属于新兴学科，对比其他学科，汉语方面的科研成果相对较少，产出比与回报率等均比较低。当然，汉语领域的研究课题中签率较低，且此方面的文章及研究成果等发布更为困难，因此，很多学者选择研究领域的时候避开了它。近年来，国家汉办在实体孔子学院的运营及师资管理等方面加大了资金投入，在不考虑人文社科的情况下，汉办现已经发展到了19个处。但是在这19个处中却没有发现科研处的影子，取消科研处并没有明确的时间。随着孔子学院的不断发展，目前在国际上基本已经处于饱和状态。孔子学院的后期发展目标更侧重于提升教学质量与创新发展，为后期实现可持续发展打下坚实的基础。国家汉办在实施过程中，可以借鉴国家社科基金的经验，为孔子学院设立专项创新基金，针对创新科研建立专门的管理机制，让更多汉语教育者与工作者参与到创新研究中，提升孔子学院发展研究的深度与宽度，增强学术价值。孔子学院创新发展需要理论与实践相结合，二者相互作用，相辅相成，加快孔子学院创新发展的速度。

（三）利用好中华文化的全球性影响，打造和深化孔子学院校友文化体系

对于孔子学院来说，想要达到可持续发展，校友是宝贵的资源。相对来说，欧美国家对校友文化的重视程度更高，可以发现，在国际知名大学中，很多顶尖大学的校友文化均非常浓郁。对于欧美等高校来说，校友已经成为其队伍发展不可缺少的一部分，他们存在于世界各国的各行各业，在不断推进母校国际化发展的同时促进国际教育合作与交流。校友的作用在一定程度上并不逊色于教职工。

孔子学院整体的语言培训周期相对较短，但是语言文化交流在国际经济发展过程中有着不可替代的作用，想要真正了解文化，首先需要学习文化相关的语言。随着"一带一路"倡议的深入实施，对于国际通用汉语方面的人才需求越来越迫切，因此，需要培养更多对华友好、懂汉语的国际型人才。因此，在各国各地立足的孔子学院需要建立起校友文化，并采取一定措施促进校友文化发展。

（四）探索公派东盟汉语师资轮值轮岗制度，打造一支专业的东盟汉语教师队伍

"走出去"是目前孔子学院发展的一个方向，也获得了国家汉办的大力支持，其为孔子学院委派了中方院长和汉语教师。国家汉办每年还会为各国的孔子学院选拔或培训一批专门的教师，也会选拔对应的志愿者。《孔子学院发展规划（2012—2020年）》中提到，按照需求建立支援者数据库。各高校要扩大汉语专业的招生数量，巩固汉语专业学生汉语知识体系，增加一定比例的"文史哲"课时，吸引更多的学生学习汉语，尤其是人文社科专业的学生。当然，因为孔子学院属于国际合作交流院校，也需要扩大英语专业学生的招生数量。通过一系列措施可以快速拓展志愿者选拔范围。后期，还需要针对国际汉语建立对应的海外实习制度。当前，孔子学院中的汉语教师大多数来自汉语志愿者，我国针对汉语教师志愿者方面的培训机制及选拔机制已经基本趋于成熟，整体运作过程非常快速

便捷，运行体系基本完善。当然，通过培训或选拔可以挑选出一批合格的志愿者教师，但是想要成为一名优秀的汉语教师志愿者，需要有丰富的经验与扎实的文化基础，同时还需要具备一定海外教学实践。

在"一带一路"背景下快速发展的东盟孔子学院，为东盟国家各项沟通与合作提供了语言服务，比如政策沟通、经济沟通、文化沟通、金融沟通等，培养了一批专业的汉语人才。随着东盟各国沟通的深入，东盟孔子学院也面临着严峻考验，学院中的教师志愿者也需要提升文化素养与教学技能，通过综合提升教师素质，为东盟孔子学院发展打下坚实的基础。频繁选派新的汉语教师志愿者或大量派遣，对孔子学院发展的作用已经微乎其微，因此，需要创新汉语教师志愿者派遣模式。根据"一带一路"在东盟各国不同的需求与变化，建立对应的保障机制，实施轮值轮岗制度，比如，志愿者在一国任期结束后可以与其他国家的教师交换，通过这种形式可以增加汉语教师志愿者的流动性，当然，通过志愿者流动性的增强可以促进各国文化与思想交流，加快孔子学院在国际上的发展。

第三节 西南地区与东盟国家高等教育合作的路径选择

一、建立完善的课程体系丰富课程内容

完善课程体系，满足学生学习与国际交往的需要。具体来说，其主要措施包括开发中国传统文化课程，搭建地方特色课程资源平台，加强国际化的课程建设等。

（一）开发中国传统文化课程

中国文化在一定程度上对来西南地区的留学生具有天然的吸引力。国际留学的历史可以追溯上千年，而吸引留学生的主要因素正是文化大国的灿烂文明。中国作为四大古国之一，其文明传承从未有过断层，其拥有的灿烂文明正是吸引外国留学生的关键。"一带一路"倡议的深入推进，在沿线国家引发新一轮的汉语学习热潮。来西南地区留学的学生最主要的教育预期之一还是学好汉语，了解中国社会文化。

中国高校有责任为来西南地区的留学生开设更多与中国传统文化相关的、具有中国特色的选修课，如中华古典诗词、中华茶道、国画、中华武术、剪纸、中医、中国戏曲等。例如，北京华文学院设有非学历导游选修课、非学历文秘选修

课、非学历中国文化选修课等课程类别，其中就包含了舞蹈、民乐、武术、中国成语、中华服饰、古筝、篆刻、中医等中国元素，受到了来西南地区留学生的广泛好评，也极大地激发了来西南地区留学生对中国文化的浓厚兴趣。

（二）搭建地方特色课程资源平台

地方特色课程资源平台，是指由地处同一城市的高校联合搭建的学习平台，供当地就读的留学生共享。搭建地方特色课程资源平台，为留学生提供多样化的特色课程，可避免课程的单一化。可以将"地方特色课程资源"解释为由高校结合自身办学特点和地缘优势开发的，通常以当地的传统文化、人文景观为载体，体现地方民族区域特色的课程，如当地聚居少数民族民俗、地方美食、地方音乐与特色乐器课程等。这些课程多以学生的切身体验为主，体现了浓郁的中国文化特色，是留学生课程内容的重要组成部分。

当前，中国高校已有"爱课程""好大学在线"等网络课程平台，但多为学科课程，对中国特色地域文化课程的开发和利用不足，这一短板亟须补上。

（三）加强国际化的课程建设

现阶段，我国来西南地区的留学生教育在课程设置上与国际知名高校相比仍然存在较大差距，应尽快与国际接轨。我国尚未建立起体现留学生和本国学生差异的课程体系，选修课程缺乏，尤其是国际性选修课程极少。

从专业上看，目前来西南地区的留学生可就读的专业只有 200 多个，而美国各大学针对留学生设置的专业有 5 000 多个，日本有 3 000 多个，英国更是达到 8 000 个。这就要求高校开设有国际吸引力的、高质量的课程，即开设有国际竞争力的、能适应国际化需求的品牌课程。一方面，学校可以开设跨文化研究类的课程，如中非文学比较研究、中美文化比较研究、国际金融、互联网商贸等。以云南大学为例，该校每学期举办一次"国际课程周"，邀请国外专家到校讲学，打造学校精品共享课程。截至 2016 年，云南大学已建成国家级精品课程 31 门、省级精品课程 116 门、校级精品课程 169 门。另一方面，课程的国际化路径还包括采用外语语言进行教学，如全英文课"一带一路"教育共同体建设课程、双语课程、小语种课程等。

二、严把来西南地区留学生的"进出"

关口生源质量和培养标准直接影响着来西南地区留学生教育的质量，不能因扩大规模而走上"以质量换数量""以规模代质量"的发展道路。应把握好来西南地区留学生的"进出"关卡,实现由"宽进宽出"向"严进严出"培养模式转变。

(一)严守"进口"

1. 树立生源质量意识

为促进来西南地区留学生教育的长远发展,不应盲目追求规模的扩大,对留学生实行简单的"宽进"政策,而应严格把握来西南地区留学生的"进口标准"。以哈佛大学为例,该校将国际学生的入学标准细分为:学术水平、个人素质、英语水平、标准化考试、高中学习成绩、推荐信和教师评价、社会活动能力和成就等,相较于我国留学生入学标准仅依靠申请书、推荐信、入学考核而言,哈佛大学国际学生的入学标准更为细致、严格,其所考察的内容更为全面综合,由此选拔出的学生更优秀,更有利于保障国际学生的培养质量。

2. 规范入学资格

目前,我国的来西南地区留学生的入学方式仅需要一封申请书、两份推荐信、相关的入学考核,不难发现,该方式下的入学资格门槛过低。教育管理部门应当制定全国统一的来西南地区留学生入学标准,参照国际经验成立专门的入学考试机构,形成统一的来西南地区留学生入学考试制度。

3. 严格录取

杜绝人情关系,严格执行入学标准和入学考试制度,从而保证来西南地区留学生的生源质量。

(二)规范"出口"

1. 规范培养过程

(1)对来西南地区留学生的培养应与中国学生同等对待。

自入学后高校就应严格按照培养标准和课程计划培养来西南地区留学生,除特殊情况,西南地区留学生与中国学生的培养标准应当相同,包括同吃、同住、同管理。

如《来西南地区留学生医学本科教育(英语授课)质量标准暂行规定》中明确规定了医学留学生的教育质量控制标准,要求其培养标准不低于我国学生的培养标准。

(2)要密切师生交流。

一方面,学校可以适当增加来西南地区留学生的教师数量,降低生师比。另一方面,可引入导师制,明确一位教师指导若干学生,增加中国教师和来西南地区留学生的交流机会,保证留学生在我国的学习、生活等问题得到及时解决。

2. 实行"出口"测试

关注来西南地区留学生的能力发展,而不是仅以成绩排名来评价学生。对来西南地区留学生学习后获得的能力进行综合测试,以能力测试结果反映教学质量的高低。例如,澳大利亚高校对毕业生(包括留学生在内)进行的能力测试内容包括思辨能力、问题处理能力、人际理解能力和文字交流能力等。该测试旨在测定学生毕业时所具有的实际水平和能力,是一种过程性的测试。以测试结果作为学生"出口"的标准,未达标者不予毕业,从"出口"端保证人才质量。

3. 引进毕业淘汰机制

与对待中国学生相同,应当严格规定来西南地区留学生必须达到的学分和标准,并且要求他们必须全科合格才能毕业,未达到毕业标准者不授予毕业证书。国外许多大学都通过淘汰机制来保证大学教育质量,如美国、日本、法国、韩国等国的大学都拥有极高的淘汰率,其中韩国的大学拥有30%的淘汰率,法国大学总体淘汰率则高达40%。这类高淘汰率的设置能够起到倒逼学生努力完成各项学业任务,进而提高教育质量的目的,保证了高等教育本身的权威性。随着我国高等教育的逐步普及,相关法律法规的设置可以参考类似做法,提高高等教育质量认证的门槛,在保证高等教育质量的同时也可以提高毕业生的专业素质。

三、加强留学生教师队伍建设

西南地区留学生教育必然需要面对的一个问题是涉外教育的多元化问题。留学生群体由于其生源地语言习惯、接受特点等客观特征的不同,适合本国本地区的教育内容和方式可能无法对国际留学生发挥较好的教学作用。因此,相关教师需要树立多元教育理念,丰富教学方法,在合理范围内给留学生群体提供更适合其发展的教育模式。

多元文化教学的理念首先反应在对留学生来源地文化的理解和匹配上。不同留学生群体各异的来源地带来了极其丰富的文化特征,这无疑给西南地区教师在教育方法的选择上提出了很大的挑战,极其考验教师是否能够充分理解留学生群体的文化特征并构建一个多元的教学环境。

"一带一路"沿线国家的学生来到中国所面临的第一个问题当属"汉语"的使用。当前,我国大多数高校均采用汉语为来西南地区留学生授课,少有学校和教师使用英语或者其他外语授课。其根本原因在于,教师自身的跨文化交流能力及双语教学能力较低。然而,国际化的学科专业要求至少有50%~70%的课程使用全英语或双语教学。针对这一问题，可采取"引进+培养"的方式。"引进"是指高校通过聘请其他学校的资深教师或国外师资的方式，直接引入一批具有国际经验、具备全英语或双语教学能力的教师承担来西南地区留学生的授课工作。"培养"则是指通过选派教师出国留学、培训进修、聘请国外专家来校讲学等形式培养国际化教师队伍的新生力量。以云南大学为例，该校在近5年中聘请外国专家和外籍教师2 200余人次，派出教师出国出境3 644人次，为云南大学在岗教师跨文化交流能力的发展提供大量进修培训机会，助力教师扩大视野，增加国际化教学经验，提升相应教师的跨文化交流与教学能力。

四、改革教育管理模式

理顺来西南地区留学生教育管理的体制机制，变革来西南地区留学生的教育管理模式，能够为来西南地区留学生的教育质量提供一定的制度保障。一方面，政府、高校、社会应分工合作，共同管理。"政府、高校、社会"三位一体的管理模式是来西南地区留学生教育管理的新趋势。该模式要求政府、高校、社会合力为来西南地区留学生的教育质量保驾护航。

（一）政府制定和完善相关的法律法规及政策

明确规定来西南地区留学生的入学条件、培养标准、秩序守则等，在制度层面明晰来西南地区留学生教育管理的职责、管理内容、管理方法，从宏观上指导来西南地区留学生的教育管理工作。

（二）高校是留学生教育管理的主要实践部门

随着来西南地区留学生逐渐增多，高校应加大对来西南地区留学生教育的投入与支持力度，将来西南地区留学生教育纳入学校的整体发展规划，梳理内部的管理机制，营造适合留学生学习与生活的良好环境。社会是学校管理的补充，学校应当主动与社会力量建立起联系，利用社会资源完善对来西南地区留学生的实习、社会活动、校外住宿等方面的管理。此外多部门应协调合作，全方位管理。各级管理部门要定位于高效服务来西南地区留学生的教育管理工作，理顺管理体制，建立精简高效的管理团队。当前，我国留学生管理部门的设置主要有两种模式：一是由学校国际教育学院负责招生，各院系负责培养；二是由学校设立专门的留学生管理与服务机构，对来西南地区留学生进行专门的培养。在经历了较长时间的发展后，西南地区的留学生团体规模不断扩大，由单个学校部门负责招生工作的做法难免显得力不从心，而强硬地将留学生群体和本地学生区分开来的传统做法在一定程度上又给国际教育交流带来了隔阂，两类群体间的沟通容易因此产生障碍。因此，探索一个能够帮助留学生群体更好融入本地学生群体的教育途径显得势在必得。

同样值得注意的是针对留学生群体受教育质量的认证工作需要更加细化。既不能一味地套用我国针对本国学生设计的认证和评价体系，此举可能由于忽视了留学生群体来源地的文化和前期教育情况而存在偏颇；又不能简单地放宽评价标准，允许留学生群体按照远远低于本地学生的标准完成学业，这在造成教育不公平的同时还严重影响了我国涉外教育的质量和形象。

第七章

结论与展望

加强我国西南地区与东盟国家高等教育的交流与合作,有利于提高西南地区高等教育办学水平,提升西南地区高校的国际影响力;能为高质量共建"一带一路"、构建更为紧密的中国—东盟命运共同体提供人才支撑和智力支持;有利于促进中国与东盟的人文交流。本书采用文献研究、历史比较研究等方法,梳理了我国与东盟国家在高等教育领域合作的历程及取得的成果,总结了合作的典型案例及合作经验,剖析了我国西南地区与东盟国家高等教育合作存在的问题,以及西南地区与东盟国家高等教育合作的机遇与挑战,提出了进一步深化我国西南地区与东盟高等教育合作机制和路径选择。通过研究,取得了以下结论和研究成果:

第一,中国与东盟自建立友好合作关系以来,特别是建成中国—东盟自由贸易区以来,中国与东盟国家在教育领域的合作与交流不断深入,取得的成效十分显著。建立了中国—东盟教育交流周等教育领域的交流与合作平台,合作角色实现了从参与者向主导者转变、交流方向上由"引进来"向"走出去"转变、合作要素实现了从学生协作向师生深度合作转变、发展多样性实现了从一元模式向多元模式转变。

第二,在开展与东盟国家高等教育合作方面,西南地区具有地理位置和区位优势、高等教育办学历史和精神文化底蕴深厚等优势。同时,西南地区与东盟国家在语言、服饰、饮食习惯、文化传说上有许多同宗同源的地方,经济上发展相近、技术类专业的供求相近。在《开展"一带一路"教育行动合作备忘录》等政策文本的影响和指引下,西南地区相关省份都明确了与东盟国家开展高等教育合作的重点和主要内容,特别是在发展留学生教育事业方面建立了完善的奖学金与资助体系,打造了高等教育合作的典型案例。

第三,在西南地区与东盟高等教育合作交流过程中,既取得了成绩,促进了双方高等教育发展，但也存在一些值得关注和需要去解决的问题，主要表现在地方政府相关服务不到位、高校自身建设不足、合作项目规范性不强、留学生教育管理制度不健全四个方面。这都是新时代促进西南地区与东盟国家高等教育合作亟须补齐的短板，也是决定能否为高质量共建"一带一路"、构建更为紧密的中国—东盟命运共同体提供人才支撑和智力支持的关键所在。

第四，当前，西南地区与东盟高等教育合作面临高质量共建"一带一路"、构建更为紧密的中国—东盟命运共同体、RECP落地生效等新的机遇；同时，也遇到高等教育合作资源配置面临更高要求、高等教育合作运行体系面临新的挑战、高等教育合作经费投入面临新的压力、对西南地区参与中国—东盟高等教育合作提出更高要求等新的挑战；以及受新冠肺炎疫情的影响，西南地区与东盟国家间高校授课及科研活动受阻、留学相关活动数量明显下降、国际教育形式和在线教育形式发生深刻变化。

第五，针对目前存在的问题，结合面临的新机遇和挑战，本书提出从提升留学生教育发展所需的社会基础环境、鼓励大型外向企业同高校间的产学研合作、成立专门性的留学教育服务推介机构、提升高校基础设施环境建设、有针对性地调整留学生专业课程设置与布局、改进留学生培养模式等方面开展多方合作等机制来推进西南地区与东盟国家高等教育合作。并从建立完善的课程体系、丰富的课程内容，严把来西南地区留学生的"进出"，加强留学生教师队伍建设和改革教育管理模式等方面规划了西南地区与东盟国家高等教育合作的路径。

由于时间仓促加上调研中多种因素的限制，本书的研究内容仍存在一些不足，有待今后进一步研究和探讨，主要包括：

第一，受新冠肺炎疫情影响，开展线下交流和调研受阻，调研主要选择了广西的高校，西南地区其他省份主要采用线上调研，在数据取用上，存在偏重使用广西、云南等地数据的问题，研究结论的代表性有限。

第二，由于缺乏相关实际经验，对于问题的分析主要源于文献，还需从实践中出真知，这也是作者在未来学习、工作中努力的方向。

参考文献

[1] 单金环."一带一路"倡议下共建中国—东盟命运共同体思考[J]. 时代经贸, 2022, 19 (1): 52-56.

[2] 铁铮. 中国高教如何借力"一带一路"[J]. 北京教育(高教), 2017 (5): 6.

[3] 王迪. 习近平出席并主持中国—东盟建立对话关系30周年纪念峰会正式宣布建立中国东盟全面战略伙伴关系[N]. 人民日报, 2021-11-23 (01).

[4] 柯森, 方晓湘. 加强中国—东盟教师教育交流合作[N]. 中国社会科学报, 2022-04-08 (004).

[5] 金立群, 林毅夫. "一带一路"引领中国[M]. 北京: 中国文史出版社, 2015.

[6] 教育部关于印发《推进共建"一带一路"教育行动》的通知[EB/OL]. 中华人民共和国教育部, 2016-07-15.

[7] 教育部与六省(区)签署"一带一路"教育行动国际合作备忘录[EB/OL]. 中华人民共和国教育部, 2016-11-22.

[8] 王英. "一带一路"背景下甘肃省中亚留学生教育服务的发展现状及路径研究[D]. 兰州: 西北师范大学, 2018.

[9] 蓝勋, 夏国恩, 杨琴. "一带一路"背景下中国—东盟高等教育合作的运行机制研究[J]. "一带一路"与中国—东盟合作发展研究, 2021 (1): 52-64.

[10] 李小红, 彭文秋, 刘馨元. 中华人民共和国成立以来中国—东盟高等教育合作的回顾与展望[J]. 教育史研究, 2021, 3 (1): 116-124.

[11] 郑佳. 东盟高等教育治理的探索实践与启示[J]. 中国轻工教育, 2022, 25 (1): 23-30.

[12] 陈春燕. 云南—东盟高等教育合作与交流概况[J]. 教育教学论坛, 2012 (S3): 172-173.

[13] 贾姆希德·哈立德, 阿尼斯·贾尼·阿里, 诺黛安娜·莫哈德·诺丁, 等. 东盟地区高等教育区域合作与东盟国家协调发展研究[J]. 南洋资料译丛, 2022 (1): 1-16.

[14] 宋效峰. "一带一路"视角下中国与东盟高等教育合作模式探析[J]. 百色学院学报, 2020, 33 (6): 127-133.

[15] 蔡梅, 宋海静, 牟波. 中国与东盟国家高等教育合作比较研究[J]. 绵阳师范学院学报, 2020, 39 (9): 46-52.

[16] 石亿. "一带一路"背景下广西与东盟高等教育合作的策略选择分析[J].

课程教育研究，2019（4）：12-13.

[17] 鲁艺，刘寒雁. 云南与东盟国家高等教育国际化发展对策的研究［C］// Proceedings of 2017 2nd International Conference on Education Research and Reform（ERR 2017）V20.，2017：213-218.

[18] 周黔，古鸿宇. 贵州与东盟国家高等教育交流合作管理战略研究：评《国际教育交流与管理》［J］. 科技管理研究，2021，41（1）：206.

[19] 宋海静，蔡梅，牟波. "贵州—东盟"高等教育国际合作现状及机制创新研究［J］. 贵州商学院学报，2020，33（2）：72-78.

[20] 邹玉巧. 在"一带一路"建设中促进产业高质量发展［J］. 西部皮革，2021，43（18）：5.

[21] 文瑜. "一带一路"背景下广西衔接东盟的旅游物流现状及发展趋势研究［J］. 旅游与摄影，2022（1）：14-16.

[22] 王忠文. 中国—东盟自由贸易区对天津经济发展的积极作用［J］. 综合竞争力，2011（1）：47-50.

[23] 陈友骏. 统筹协调"一带一路"与民族地区区域经济发展［J］. 复旦国际关系评论，2019（1）：295-309.

[24] 李罗力. 经济全球化迈进3.0新时代［J］. 全球化，2022（1）：43-50，135.

[25] 刘坚，陈宝胜. 习近平关于经济全球化重要论述的生成与价值［J］. 科学社会主义，2022（2）：29-34.

[26] 蒋莎莎，孙本芝. 后疫情时代来华教育服务贸易的发展［J］. 内蒙古科技与经济，2021（18）：9-10，13.

[27] 张裕东，姚海棠，周家宇. "一带一路"背景下我国境外消费教育服务贸易存在问题及发展对策［J］. 天津商业大学学报，2021，41（1）：64-72.

[28] 杨团团，杨锐，杨朝琨，等. 困境与破局：地方行业高校教育国际化的探讨［J］. 中国高校科技，2022（4）：12-17.

[29] 胡君，郭平. "一带一路"倡议下中国高等教育国际化转型之路［J］. 科教文汇，2022（7）：12-15.

[30] 吴宗约. 广西本科院校学生国际化能力提升路径研究［D］. 南宁：广西大学，2021.

[31] 李盛兵. 高等教育国际化研究［M］. 北京：科学出版社，2019.

[32] 杜雨宸. 对新时代高等教育国际化发展道路的思考［J］. 科教文汇，2022（5）：18-22.

[33] 柯志骋. 知识外交：高等教育国际化理论研究的新范式［J］. 世界教育信息，2021，34（2）：27-32.

[34] 陈艳敏，张东洋. 西南地区高校SWOT分析及发展策略［J］. 现代商贸工业，2016，37（14）：178-179.

[35] 朱惠荣. 云南大学至公堂轶事［N］. 云南日报，2013-05-05（03）.

[36] 谭宁蕙. 我国中、西南各省市高等教育发展水平研究：基于SPSS软件分析［J］. 时代金融，2020（33）：82-84.

[37] 蒋丰. 五大发展理念视阈下西南地区高等教育公平问题研究［D］. 重庆：重庆理工大学，2020.

[38] 周建新，李雪岩，龙耀. 在中国—东盟架构下的中国西南地区外语教育制度思考［J］. 广西民族研究，2005（3）：185-192.

[39] 龙飞飞，黄勇荣，田春. 中国—东盟背景下广西高等教育资源配置优化研究［J］. 科技风，2020（6）：209-210.

[40] 李小红，黄福艳. 广西—东盟高等教育跨境合作的成就、挑战与构想［J］. 高教论坛，2019（10）：50-54.

[41] 孙国友，王现彬，陈跃波. 广西高校研究生教育学科结构分析及调整对策：基于2009—2013年学位授予数据的分析［J］. 广西民族大学学报（哲学社会科学版），2015（1）：180-183.

[42] 李保婵，刘佰鑫. 广西研究生教育国际化绩效评价研究：以2010—2016年数据分析为例［J］. 教育观察，2018（11）：119-123.

[43] 覃绍娇，夏国恩. "一带一路"背景下中国—东盟高等教育国际化合作探析［J］. 经济与社会发展，2016，14（6）：85-88.

[44] 梁方正. 我国西南地区与东盟在高等教育与农业经济合作中存在的问题及建议［J］. 农业经济问题，2020（10）：145.

[45] 周龙英. "一带一路"战略人才需求效应下的高等教育路径探析［J］. 中国成人教育，2017（4）：39-41.

[46] 杨姗姗. 陕西省高校留学生教育发展研究［D］. 西安：陕西师范大学，2010.

[47] 张雪莲. 中国西南地区—东盟高等教育合作研究［D］. 厦门：厦门大学，2009.

[48] 朱朝霞. 广西与东盟高等教育合作问题研究［J］. 青岛职业技术学院学报，2010，23（3）：45-47，51.

[49] 厉梦圆. "一带一路"背景下甘肃与中亚高等教育合作研究［D］. 上海：华东师范大学，2019.

[50] 袁薇. 广西东盟来华留学生教育成本结构分析［D］. 南宁：广西大学，2013.

[51] 杨祥章. 我国地方政府参与中国—东盟合作的动力、进程与特点［J］. 和

平与发展，2018（8）：94-110.

[52] 杨慧宇. 新冠疫情后高等教育国际化发展趋势展望［J］. 江苏高教，2021（1）：69-73.

[53] 李小红，赵悦乔，经建坤. 中国—东盟职业教育合作的进展、挑战及应对策略［J］. 中国职业技术教育，2021（36）：70-75.

[54] 李勇. 新冠肺炎疫情对世界高等教育财政的影响与应对［J］. 北京教育（高教），2022（2）：19-22.

[55] 俞凌云，林杰. 新冠肺炎疫情冲击下高等教育全球竞争格局的演化［J］. 高等教育研究，2021，42（10）：9-21.

[56] 袁长青，蒋超. 新冠疫情影响下世界高等教育质量保障机构面临的挑战与应对策略［C］. 广东省高等教育学会第十六届海峡两岸（粤台）高教论坛. 论文集，2021：2-15.

[57] 克莱西·拉潘塔，卢卡·博图里，彼得·古德伊尔，等. 正确处理技术、教学法和新常态三者关系：后新冠疫情时代高等教育的挑战［J］. 肖俊洪，译. 中国远程教育，2022（3）：26-41，77.